Adolf Furtwängler

Eros in der Vasenmalerei

Adolf Furtwängler

Eros in der Vasenmalerei

ISBN/EAN: 9783743697003

Hergestellt in Europa, USA, Kanada, Australien, Japan

Cover: Foto ©ninafisch / pixelio.de

Weitere Bücher finden Sie auf **www.hansebooks.com**

EROS

IN DER

VASENMALEREI

VON

DR. ADOLF FURTWÄNGLER.

MÜNCHEN.
THEODOR ACKERMANN.
1874.

Heinrich Brunn

Aus inniger

Verehrung und Dankbarkeit

gewidmet

vom Verfasser.

Wohl keinen gott haben die Vasenmaler häufiger und verschiedenartiger dargestellt als Eros; wenn man es dennoch bisher unterlassen hat, sein vorkommen besonders zu untersuchen, so mag das vor allem darin seinen grund haben, dass er nur wenig mythisches interesse bietet; denn Eros hat keine eigentlichen mythen und sein wesen ist vorwiegend begrifflich; aber gerade dies macht seine entwickelung so äusserst anziehend und lehrreich. Ja es muss Eros, der frei, ohne bande der tradition, künstlerisch verwendet werden durfte, dessen auftreten meist dem zu grunde liegenden gedanken selbst, nicht der äussern überlieferung verdankt wird, ein vorzüglicher gradmesser des geistigen standpunktes der künstler sein. Dennoch begnügte man sich bisher mit allgemeinen bemerkungen und ohne halt schwankte das urteil, man vermengte die verschiedensten anschauungen, namentlich die der Vasenmaler mit den späteren. Das folgende soll ein beitrag zur läuterung und klärung vor allem da, wo es am nötigsten, auf dem gebiete der Vasen sein, ein beitrag der künftigen umfassenderen arbeiten über diesen kreis begrifflicher wesen einen festen grund bereiten will. Nur selten wird polemik gegen bisherige ansichten gefordert erscheinen, da die meisten resultate sich durch eine umfassende statistik der tatsachen und deren unbefangene beurteilung von selbst ergeben.

Das dunkel der mythischen anfänge des Eros zu lichten, liegt keineswegs in unserer absicht; da wenigstens die erhaltne kunst ihre anregung nicht der mythologie und dem kult sondern freipoetischen schöpfungen verdankt, so sind eben auch nur lezterc für uns von bedeutung. Um uns daher die allgemeinen grundanschauungen, welche die Vasenmalerei in gestaltung und anwendung des Eros bestimmen, zu vergegenwärtigen, müssen wir einen blick auf die art werfen, wie die poesie, zunächst in voralexandrinischer periode, Eros behandelt.

Einleitung: *Eros in voralexandrinischer poesie.*

Schon bei Hesiod ist Eros eine fertige persönlichkeit, diener der Aphrodite, der schönste der götter, mit den Chariten verbunden, gott des zeugungstriebes, der alle beherrscht (theog. 116, 201, 64); dennoch ist der begriffliche grundcharakter klar; da nun seit alter Zeit (Homer) ἔρως mit ἵμερος synonym gebraucht ward, so konnte auch Himeros zur person werden: mag auch der gott Eros dem Hesiod durch den thespischen cult nahegelegt worden sein, so ist doch Himeros eine freie poetische schöpfung und weist uns auf die bahn der wir die weiterentwicklung des Eros verdanken. Archilochos der Jonier weiss nichts vom gotte Eros, ja er muss (fr. 103 nach Bergk 3. aufl., wie das flg.) ἔρως näher specialisiren als ἔρως φιλότητος; dagegen personificirt er einen λυσιμελής Πόϑος (fr. 85). Sicher persönlich ist er wieder bei dem aeolisch-dorischen Alkman, übermütig auf blumen hinschreitend (fr. 38; 36; 16 p. 1, 13). Alkaios, der Lesbier, preist ihn δεινότατον ϑέων, sohn der Iris und des Zephyros (fr. 13); nicht minder Sappho: er kömmt in purpurner chlamys vom himmel, erschüttert ihr herz (fr. 64, 42, 74, 125, 132, 40). Vor allen aber Anakreon: Eros, die nymphen und Aphrodite spielen mit Dionysos; wie ein schmied hämmert er mit dem beile und badet mich in winterlichem waldstrom, er wirft mir den ball zum spiele zu, alles symbolisch gedacht, denn die astragalen des Eros sind raserei und kampfgewühl; doch vom graubart fliegt er weg (fr. 2, 48, 14, 47, 25, 63, 13, 24, 62). Ueberall ist Eros feste persönlichkeit, aber alles von ihm gesagte wird aus seinem begriff und wesen abgeleitet und in kräftig phantasievollen symbolischen bildern gegeben. Es kommen weder bogen noch fackel, auch nicht mehrere Eroten vor (denn fr. 129 ist die fassung bei Himer. or. 14,4 sehr verdächtig und erlaubt gar keine schlüsse). Dem Anakreon steht Ibykos nicht nach und ist ihm sehr verwandt: es stürmt Eros, wie der thrakische Boreas, finster unerschrocken neben Kypris her, oder er lockt durch seinen zauberhaften schmelzenden blick in die netze der Aphrodite (fr. 1 u. 2). Erwähnung verdienen ferner Simonides, der Eros grausam, von schlimmen eltern nennt (fr. 43) und Theognis wenn 1231, 1275 ff. von ihm sind.

Dem gegenüber muss es sehr überraschen, dass wir bei Pindar Eros als persönlichkeit nicht nachweisen können; zum mindesten zweifelhaft ist eine persönliche auffassung fr. 104 (Bergk), Isthm. 8, 29; allgemein-begierde streben: Pyth. 10, 60, Nem. 3, 29 wo ἔρωτες, wie auch Nem. 8, 5; 11, 48, bestimmt erotische triebe fr. 100; 105; 99, 4 nennt er Aphrodite ματίρ' ἐρώτων, nach analogie der übrigen stellen wol auch begrifflich zu fassen, obwol nur wenig von wirklichen persönlichen Eroten entfernt. Aehnlich ist es bei Aeschylus, ἔρως für liebesbegierde z. B. Ag. 540, 743, Prom. 591, Cho. 600, auch der plural: Cho. 598, Suppl. 1042 wo die ψιδυραὶ τρίβοι ἐρώτων jedenfalls der persönlichen auffassung sehr nahe stehen. Häufig ist ἵμερος begrifflich, auch Prom. 649 ist ἱμέρου βέλει nicht persönlich gedacht. Sichrer ist Pothos personificirt, er ist nebst Peitho nächster begleiter der Aphrodite (Suppl. 1039). Bei Sophokles dagegen ist Eros ein gott und töricht wer ihm entgegen ringen will (Trach. 354, 361 cf. Anakr. fr. 63). Bekannt ist Antig. 781: der unbesiegbare Eros herrscht in natur wie unter den menschen, er schwebt über land und meer, niemand entflieht ihm, zu unrechten taten verleitet er: — das begriffliche wesen ist hier noch ganz im vordergrund, die wirkung des affectes den Eros repräsentirt, wird grossartig und weit gefasst, von einer durchgebildeten persönlichkeit desselben finden wir nichts. ἔρωτες kommen nur begrifflich vor (Ai. 1205, Ant. 617) und weder Himeros noch Pothos sind personen. Bei Euripides kömmt Eros macht zu grösster anerkennung und oft wird seine und der Aphrodite allgewalt über natur und menschen geschildert (Hipp. 1269, fr. 271, 132, 433, Tro. 839), ohne rückhalt wird ausgesprochen dass auch Zeus sich dem Eros willig fügt (fr. 434 im gegensatze zu Soph. vorsichtiger äusserung fr. 856); er ist sohn des Zeus und bringt auch unheil, wird aber doch nicht verehrt. Auch bei Eur. erscheint Eros eng mit Aphrodite verknüpft: Hipp. 525, 1270, Bakch. 420 wohnen die θελξίφρονες Ἔρωτες auf Kypros, fr. 781, 16 ist Aphrodite herrscherin Ἐρώτων; wir begegnen hier zum ersten male einer mehrzahl von Eroten als diener der Aphrodite sicher persönlich, ebenso Med. 627, 844, 330 : ohne mythologischen unterschied werden Ἔρωτες und Ἔρως gebraucht, wie es eben passt (ganz wie dann in der kunst) und es ist ein schlagendes zeugniss für das begriffliche wesen des damaligen Eros, eben dass man ihn vervielfachen konnte. Ganz der innersten Euripideischen denkweise eigen ist aber die philosophisch-moralisirende scheidung, die er in wesen und wirken des Eros vornimmt, indem er nemlich die gute mässige zu tugend weisheit und glück führende liebe von der schlimmen unmässigen in's unglück stürzenden scheidet.*) So erklärt sich das lob das Eur. dem Eros spendet als lehrer edler begeisterung und dichtkunst, der weisheit und tugend (fr. 666, 889, Med. 844). Wem fällt hier nicht Platon ein, der im Symp. c. 19 den Agathon dasselbe reden lässt; auch die scheidung des Pandemos und Uranios, eines reinen mässigen und des gegenteils, sowie der allgemeine Eros der weisheit und tugend sind ganz in Euripideischem geiste. Uebereinstimmend mit dieser philosophischen richtung wiegt auch bei Euripides das

---

*) fr. 551, 671, Med. 627, fr. adesp. 151 wahrscheinlich von ihm; fr. 342, Hipp. 525 Eros ἄρρυθμος; am klarsten Iph. Aul. 544.

begriffliche element in Eros noch weit vor und von einer menschlich persönlichen durchbildung ist nicht zu reden. So ist die scheidung zweier arten von Eros ganz aus beobachtung des zu grunde liegenden affects ohne rücksicht auf persönlichkeit hervorgegangen, ebenso sind die ihm beigelegten handlungen begrifflich symbolisch gefasst (z. b. ψυχὰς χαράσσει fr. 434; Tro. 839); dagegen scheint der ihm hier zuerst beigelegte bogen zu sprechen: Med. 530 "Ερως σ'ἠνάγκασε τόξοις ἀφύκτοις, doch gleich v. 632 spricht Eur. auch von einer Aphrodite die pfeile sendet, offenbar allgemein poetisch; noch klarer wird das begrifflich-symbolische dieser pfeile Hipp. 531, wo das βέλος der Aphrodite das Eros entsendet dem βέλος des feuers und dem der sterne überlegen genannt wird; auch Hipp. 392 ist begrifflich zu fassen. Anders steht es in jeder beziehung mit Iph. Aul. 544, wo handlung und ausdruck nicht an der durchaus menschlich-persönlichen auffassung zweifeln lassen und wo der |bogen festes attribut des gottes ist, mit dem er liebe sendet; dabei ist jedoch nicht zu übersehen dass Iph. Aul. das späteste, vom dichter selbst unvollendet hinterlassene stück ist; so dürfen wir wol schliessen dass eben in dieser zeit (ende 5. jhh.) der bogen als attribut des mächtigen gottes sich allmälig in der vorstellung festsetzte. Sehr wahrscheinlich ist mir dass diese anschauung einem beliebten poetischen bilde, das die entzündende glut der augen mit geschossen vergleicht (z. b. Anth. Gr. 1, 13, 37) seinen ursprung verdanke, indem gerade bei Eros die gewalt des blickes oft gepriesen wird.*) Pothos erscheint seinem wesen gemäss den rasenden mänaden freundlich (Bakch. 412). — Die eigentlich populären vorstellungen der zeit giebt uns aber Aristophanes wo Eros in seinen beiden haupttätigkeiten erscheint, liebespaare zusammenzuführen**) und schönheit zu verleihen (Lys.

---

*) z.b. Ibykos fr. 2, Eur. Hipp. 525; Bergk p. lyr. p. 1273 Tim.
**) Ach. 929; Eccl. 954, 962, Av. 1601 lenkt er den hochzeitswagen des Zeus.

Ueberblicken wir diese entwicklungsreihe bis zu den Alexandrinern, so erscheint zuerst der Aeolische stamm, ganz seinem leidenschaftlichen subjectiven character entsprechend, als träger des gottes Eros, der zuerst bei Hesiod erscheint; Alkman übermittelt ihn den Doriern; dann Alkaios und Sappho. Erst durch den einfluss dieser Aeolischen dichtung scheint Eros auch bei den Joniern eingang gefunden zu haben; namentlich ist es Anakreon, der mit der ganzen ionischen lebendigkeit und anmutig frischen anschauung sich des Eros bemächtigte. Dagegen musste eine reaktion erfolgen in der universalen melik eines Pindar, der es nicht auf darstellung des leicht erregten empfindungslebens ankam, sondern die vor allem auf mächtigen gedankeninhalt zielte, der es nicht um veräusserlichung in personen, vielmehr um vertiefung in begriffe zu tun sein musste. Nur durch annahme einer solchen reaktion ist die tatsache zu erklären, dass Pindar den Eros nur als begriff verwendet, aber eben dieser begrifflichen vertiefung entspringt die von Pindar so beliebte mehrzahl von ἔρωτες. Dem Pindar ist Aeschylus verwandt, wie in allem, so auch hier; zwar war Eros bereits auch nach Athen gedrungen, Anakreon sang an Hipparchos hofe und zu derselben zeit wird Eros ein altar in der Akademie errichtet; doch Aeschylus folgt Pindar und wendet sich von diesem populären, vorzugsweise päderastischen Eros ab, denn auch ihm kömmt es zunächst auf möglichst tiefe durchbildung der begriffe an, alles äussere, blos überlieferte wird weggeworfen, um neu zu schaffen auf selbständiger grundlage des gedankens und Aeschylus personificirt lieber einen Pothos, als dass er den traditionellen Eros annähme. So musste denn nach dieser begrifflichen durchbildung der gott Eros in der Attischen poesie erst wieder neugeboren werden; dies konnte nicht lange ausbleiben, je mehr anmutig sinnliche empfindung der gedankentiefe den rang ablief und je mehr die liebe als wirksames motiv in die handlung selbst eindrang: was Sophokles beginnt, vollenden Euripides und dessen nachfolger; dass in dieser neuen entwicklungsphase Eros vorzugsweise von der psychologischen seite gefasst werden musste, leuchtet ein.

Gehen wir nun nach dieser einleitenden orientirung zu unserm eigentlichen zwecke, der gestaltung des Eros in der kunst über, so trennt sich hier eine ältere periode von einer jüngern ziemlich bestimmt ab.

I. Vor der freiheit der kunst.

Der eigentlich archaischen kunst ist Eros überhaupt fremd; es erklärt sich dies teils aus der localen beschränktheit des älteren Eros auf orte und stämme, die in der kunst kaum eine rolle spielten, teils aus dem charakter der archaischen kunst selbst, die mehr äussere darstellung der handlung als psychologische motivirung derselben bezweckt. — Wol spätern ursprungs, aber durch den architectonischen charakter dem archaischen nahe stehend sind zwei thonreliefs, die, indem sie wol einem religiösen zwecke dienten, eine ausnahme machen, doch ist Eros beidemale untergeordnet: Mon. d. J. 1, 18 aus Aegina: Eros ist als mellephebe gebildet und trägt wie auch andere männliche figuren dieser sog. melischen reliefs. ein kurzes röckchen, die flügel setzen noch an den schultern an. Kaum sicher ist die göttin zu bestimmen mit der er hier, gewiss mythologisch, eng verbunden erscheint; nach Welcker wäre es Hekate, nach Stephani (CR. 1863, 156; 1864, 108) Aphrodite-Nemesis, doch gerade Nemesis ist Eros immer feindlich, ich möchte daher an Artemis Εὐπράξις (Ann. d. J. 1849, II.) oder an Artemis Peitho (Paus. 2, 21, 1) erinnern, wobei sich auch die greife am besten erklärten. Sicher als diener und ausfluss der Aphrodite erscheint Eros auf dem andern relief in München (Ann. d. J. 1867, D), er steht als knabe gebildet in der linken die leier, die rechte vorstreckend, auf dem arme der mutter. Ebenfalls bei Aphrodite ist er auf dem unbedeutenden archaisirenden relief Ann. d. J. 1830, L, 2.

Nur aus beschreibungen bekannt sind mir zwei griechische spiegelgriffe (Bull. d. J. 1865, 131 ; Guide to the bronze room of the Brit. mus. p. 13), wo Aphrodite in strenger haltung nach dem alten typus aufrecht steht, während über ihren schultern zwei Eroten schweben, die den spiegel stützten; ob man wirklich mit Newton die zeit kurz vor Phidias für die entstehung annehmen darf, ist mir sehr zweifelhaft; es scheinen mir die schwebenden Eroten nicht recht der archaischen kunst zu entsprechen; und so lange nicht entschiedne gründe dagegen sprechen, wird man den archaischen typus der Aphr. als in spätrer zeit festgehalten ansehen müssen, was sich bei einem griffe als tektonischem gliede sehr leicht erklärt.

Mehr bieten die Vasen, wo er zwar auch den eigentlich archaischen schwarzfigurigen fremd ist, wenigstens erscheint er niemals auf sicher alten gefässen, die wenigen fälle wo er vorkömmt sind sämmtlich späterer fabrikation verdächtig; so Luynes, descr. 15 lekythos aus „Griechenland:" Eros schwebt, in jeder hand einen kranz, auf ein liebespaar zu; teils die grosse flüchtigkeit und doch feste typik der zeichnung, teils das schweben des Eros selbst verraten die spätere verfertigung ; ebenfalls nachgeahmt ist Bull. d. J. 1867, 226 wo mir Eros jedoch sehr zweifelhaft scheint und ich lieber einen Hypnos erkenne, wie Ann. d. J. 1833, D und Sächs. ber. 1853, 5—8, Ant. du Bosph. 63 A, 1. — Nachahmung sind ferner wahrscheinlich: Brit. Mus. 925: Eros fliegt einem jünglinge nach; Wien II, 70 frauen mit Eros sprechend; Berlin 713 allein fliegend, in jeder hand ein alabastron — sämmtlich unbedeutende darstellungen.

So beginnt das wirken des Eros eigentlich erst mit den rotfigurigen Vasen und zwar tritt er in den dem freien stile vorangehenden bildern zunächst als sohn und diener der Aphrodite auf in drei darstellungen des Parisurteils: er ordnet ihr das haar Overb. Gall. 10, 1. ib. 10, 4 fliegen vier Eroten mit kränzen und zweigen auf sie zu; die zahl vier ist nur der symmetrie wegen gewählt, ver-

schiedne namen zu geben sind wir nicht berechtigt, es ist
vielmehr die unbegrenzte zahl der diener Aphroditens, eine
vorstellung, die, wie wir sahen um die mitte des 5. jhh.
ausgebildet worden sein muss. Gerhard Ant. Bildw. 33
trügt Aphrodite den kleinen sohn (auf der rückseite ib. 34
aus künstlerischen gründen gerade doppelt so gross) als attribut und symbol ihrer macht auf der hand.
Vor allem wichtig ist Mon. d. J. I, 8: es schweben als
revers zu Odysseus mit den Sirenen drei Eroten als jünglinge
gebildet über das meer, von denen der vordere ίμερος,
die beiden andern καλος genannt sind, sie tragen tänie
zweig und hasen; hier noch Eros und Pothos zu erkennen
ist keine berechtigung vorhanden: dass Himeros neben Eros
gleichbedeutend in alter Zeit gebraucht ward sahen wir aus
Hesiod, die wahl gerade dieses namens ist hier offenbar der
sirene Himeropa der vorderseite zu liebe geschehen, wozu
kommt dass gerade ίμερος den unwiderstehlich verlangenden
zug nach einem objekte vor augen bezeichnet, und dies ist
eben die gewaltige macht die Odysseus zu überwinden hat,
die in der Sirenengestalt nicht zum vollen ausdruck gelangt
und deshalb noch einmal symbolisch durch die drei Eroten
bezeichnet wird. Aehnlich ist Eros verwendet auf der
schönen schale aus Aegina in München (Jahn entf. der
Europe t. 7), wo, als erklärung und grund für das innenbild Europe auf dem Zeusstiere, an jeder aussenseite ein
Eros schwebt, in der l. die leier, in der r. die schale. Dem
freien stile sehr nahe, aber in der auffassung ganz hieher
gehörig ist Mon. d. J. I, 10, 11, denn auch hier wagte es
der künstler der andeuten wollte, dass Erichthonios geburt
auf einem liebesverhältnisse beruhe, gleichwol nicht den
Eros in die handlung selbst einzuflechten, da er noch zu
sehr gewohnt war, nur den äusserlichen vorgang der sage
darzustellen, er gab ihm daher die untergeordnete stellung
auf den ranken des ornaments, dessen gesetzen er sich sofort fügen musste, d. h. es mussten sich je zwei Eroten symmetrisch entsprechen auf beiden seiten (sie sind auch in der

zeichnung strenger gehalten). Ohne solche beziehungen erscheint nun Eros allein ziemlich häufig: er schwebt dahin mit tänie (Gerh. Ant. B. 55, 3), er hascht im fluge oder laufe den hasen (ib. 56, 1; Brit. Mus. 745), dessen erotische beziehungen bekannt sind, oder er spielt schwebend die leier (Elite 4, 50, Bull. d. J. 1870, 187, 27 leier und schale, Neapel R. C. 163 hat er noch ein flötenfutteral); das schönste ja grossartige produkt dieser art scheint der lekythos Bull. d. J. 1867, 231 zu sein, wo Eros, wie in den obigen füllen, als langgelockter jüngling gebildet, die leier spielend schwebt, den oberkörper etwas zurückgebogen, gewiss weil er singend gedacht ist (cf. Plat. symp. 197 E); ähnliche flügelfiguren wie Nike Iris Eos, sind auf diesen lekythen strengren stils häufig und sehr passend verwendet. Es ist somit gewiss kein grund vorhanden mit Benndorf an stelle des Eros einen geflügelten Apollon zu vermuten, weil jenem seine attribute der bogen und köcher fehlten. Auch eine blume oder einen zweig hält der schwebende Eros (Brit. Mus. 830; Mus. Greg. II, 4, 1 und 3); er hält reifen und vogel zum spiel und sieht sich nach dem epheben des rev. um (Elite 4, 48, ähnlich 49), er spendet auf einem altare sich nach dem manne des rev. umsehend Berlin 1604 (Vulci, also wohl hieher gehörig) hält Eros schwebend in jeder hand eine frucht, auf dem rev. Athene, wobei man wol an Athen. 13, 561, d erinnern darf, wonach beiden in Athen gemeinsam geopfert ward.*) — Elite 4, 51 schwebt, mit schild und speer gerüstet ein flügeljüngling und sieht sich auffordernd um nach dem epheben des rev. — man denkt zunächst an Agon dessen beflügelung jedoch nicht überliefert ist; erinnern wir uns dagegen der anschauung, dass Eros mut giebt in der schlacht, mit dem geliebten kühn in den kampf treibt (Plat. symp. 179), dass ihm die Spartaner und Kreter vor der schlacht opferten, erwägen wir endlich die vollkommen analoge bildungsweise mit den

---

*) Auch auf einem athenischen piombo (Mon. d. J. 8, 32, 91) scheinen Eros (mit opferkorb) und Athene gegen übergestellt.

oben besprochenen sichern Erosvasen, so ist doch ein Eros der auffordernd, den durch ihn verbundenen jünglingen und männern in den kampf vorauseilt, das wahrscheinlichste. Wie schon hier Eros meist in beziehung zu den epheben des reverses gedacht ist, so gesellt er sich auch in scenen des gewöhnlichen lebens zu ihnen; besonders begünstigt, und leitet er jene eignen verhältnisse der jünglinge und männer, jene treuen freundschafts- und liebesbündnisse wo geistige und sinnliche elemente so eng verknüpft erscheinen, dass unser wort päderastisch etwas zu hart klingt (cf. Welcker kl. schr. 2, 93; Gött. l. 2, 725), denn niemals ist Eros bei scenen gemeinerer charakters. Beim ruhigen erastengespräche München 504 (unbärtige jünglinge als liebhaber auch Arch. z. 1870, 39); Petersb. 413. — Den liebhaber oder die liebesstimmung selbst vertritt Eros Berlin 1941, Durand 240; ja er verfolgt den epheben Durand 238, Campana 11, 94 und Panofka eigenn. mit καλος t. 4, 9 wo die gewalt der kommenden leidenschaft durch die peitsche in Eros hand kräftig versinnlicht wird; einem eingehüllten (cf. Compte r. 1868, 129) erasten bringt Eros einen delphin als liebessymbol Gerh. A. V. 65 (cf. Steph. CR. 1864, 216, 218); einen hasen bringt er zu jünglingen, die (ihm?) opfern wollen Mus. Borb. 5, 20. Im innern einer Münchner schale (1101) schreitet Eros auf einen altar (der Aphrodite?) mit einem kranze zu, aussen A entsendet ein mann im hause Eros mit einem schlauchartigen gerät, darin wol liebesgeschenke, (dasselbe des Vergers l'Etr. 39 als reisesack) zu dem geliebten jüngling draussen. — B. eilt Eros mit kranz auf zwei eifrig flötende und singende jünglinge zu. Begünstigt er hier die musikalischen studien der jugend, so erscheint er selbst als geistiger mittelpunkt und leiter derselben wenn er (Brit. M. 986, ähnlich Durand 654) die leier spielend zwischen zwei jünglingen schwebt, von denen der eine ebenfalls leier spielt (cf. Plat. symp. 196 'E — ἀγαϑός — πᾶσαν ποίησιν τὴν κατὰ μουσικὴν.) -- Nicht ganz klar ist Mon. d. J. 6, 20, wo der Eros jedoch nicht ganz unverdächtig ist, indem wenigstens ringsherum viel geflickt wurde; sucht man jedoch nach einer erklärung so mag man sich erinnern an das princip der Vasen gerade dieses stils, auf der rückseite figuren anzubringen, die gleichsam als folie dienen, auf der sich die handlung der vorderseite abspielt; untätige zuschauer, die gleichwol interesse an dem vorgang nehmen, das volk, der chor den heroen gegenüber. So könnte man hier an die Myrmidonen denken, die untätig durch des führers zorn, den frieden geniessen, vereint im treuen freundschafts- und liebesbunde durch Eros, vielleicht nicht ohne beziehung auf das enge verhältniss des Patroklos zu Achilleus, das ja das motiv werden sollte zur lösung des conflicts der vorderseite; freilich wäre auch so der Eros und der thyrsos ungeschickt hinzugefügt, indem eben der maler den typus ruhig stehender figuren nicht überschreiten wollte.

— Ueberblicken wir dies erste stadium der entwicklung und fassen zunächst seine erscheinung in's auge: von anfang an schwankt Eros bildung zwischen jüngling und knabe, je nach den künstlerischen bedingungen der composition; als ausfluss der Aphrodite, als ihr sohn und diener, als κάλλιστος θεῶν war jugendblüte für ihn wesentlich. Ferner erscheint Eros constant beflügelt*), denn ein zweiter wesentlicher zug ist das begriffliche und das dämonischgewaltige eines gottes der im eignen herzen seinen sitz hat, was ihn auf eine linie stellt mit Eris, Deimos, Phobos, die εἴδωλα, die alle in dieser zeit beflügelt erscheinen. Unter den attributen fällt zunächst die leier auf und weist uns auf den musischen charakter des gottes hin, der besonders in Thespiae betont ward teils durch die musischen agonen, die man zu seinen ehren abhielt, teils durch seine verbindung mit den Musen, die man hier neben ihm hauptsächlich verehrte. Ueberhaupt waren aber in Eros diejenigen be-

---
*) Dass Eros früher ungeflügelt dargestellt worden sei, scheint sehr unwahrscheinlich; ich halte daher καὶ τὸν Ἔρωτα beim schol. ad Arist. av. 573 für einen willkürlichen zusatz des schol., dem die notiz über Nike vorlag.

dingungen vorhanden, die auch dem Apoll und Dionysos die leier gaben, nemlich der ekstatische charakter: sehr bezeichnend ist es aber für die ältere zeit, die das innere wesen, das ethos der götter durch attribute auszudrücken und festzustellen liebte, dass sie dem Eros die leier gab, während eine spätere zeit die art seiner handlungen durch den bogen symbolisirte. Ja es liegt die vermutung eines gemeinsamen älteren kunsttypus des Eros mit der leier sehr nahe, wenn man die gleiche stellung desselben auf dem relief Ann. d. J. 1867, D, den Vasen Mon. d. J. 1, 10, Neapel 1836 und auch dem etruskischen spiegel D. a. K. 2, 629 vergleicht: die eine hand mit der leier gesenkt und die andre, meist mit einer blumenranke, ausgestreckt, ein typus der der ältern kunst vollkommen entspräche. Die übrigen attribute: hase, tänie, kranz sind in ihrer Bedeutung klar.

Ueberall sehen wir eine feste künstlerische gestaltung, überall eine ausgeprägte künstlerische symbolik, durchaus unabhängig von der poetischen; nirgends bei den dichtern lasen wir, dass er leier spiele, einen kranz oder tänie bringend herbeifliege, dagegen hat die poesie wieder ihre eigne wirkungsvolle symbolik. So bestätigt sich wieder, dass gerade die ältere, wachsende kunst sehr selbständig und durchaus nach eignen gesetzen schuf; und in der tat, wie trefflich spricht der leierspielende Eros sein inneres wesen aus, und konnte ein einfacheres treffenderes symbol gewählt werden für die begünstigung des liebedämons, als dass er kranz und tänie, die bekannten gaben der liebenden, selbst herbeibringt?

Wenig manchfaltig ist noch der gebrauch, den man von Eros macht, ja man bildet ihn mit vorliebe allein, wo nur sein eigner charakter zum ausdruck gelangt. In mythologische handlung als psychologisches princip wagt man ihn noch gar nicht zu verflechten, auch die künstler der Odysseus-, Europe- und Erichthonios-Vase, die allein einen versuch machen die äusserliche tradition durch ausdruck der zu grunde liegenden seelenstimmung zu motiviren, kamen nicht über die andeutung hinaus und wagen nicht Eros in die handlung zu ziehen. Nur als diener der Aphrodite, also mythologisch begründet, erscheint er in der handlung. Anders ist es mit den liebesscenen aus dem gewöhnlichen leben, die wegen ihres nichtindividuellen, allgemein menschlichen charakters viel eher dazu auffordern mussten, · den Eros in psychologischer bedeutung aufzunehmen als die durch äussre tradition fest bestimmten mythen, deren psychologische zersetzung einer späteren zeit aufbehalten blieb. Sehr interessant sind die manchfaltigen beziehungen, die zwischen Eros und den epheben und männern obwalten, während er sich mit den frauen noch gar nichts zu schaffen macht; es ist offenbar der päderastische Eros, der im gymnasion verehrt ward; der erste altar des Charmos in Athen (und athenisch sind ja die betr. vasen) war diesem männer-Eros geweiht, er muss der populäre gewesen sein; ja eine athenische münze (Beulé p. 222) zeigt uns diesen Eros der die männer in der palästra zusammenhält und so den sieg verleiht, sich selbst den kranz aufsetzend, die siegespalme in der l. (wozu man den palästrischen Hermes in genau derselben handlung vergl. bei Campana op. in pl. 94). Jetzt erklärt sich auch das verhältniss zur poesie, die ja gerade in der ersten hälfte des 5. jhh. den gott Eros ignorirt, die kunst zeigt uns jenen volkstümlichen Eros des gymnasiums, den ein Aeschylus verschmäht, während die kunst der folgenden periode durchaus von jenem neuen, von der jüngern tragödie durchgebildeten Eros bestimmt wird.

II. Periode der freien kunst.

Erst hier sind uns einige werke literarisch überliefert und fest datirbar; vor allen der Eros des Phidias an der basis des olympischen Zeus, die Aphrodite empfangend; am westlichen giebel des Parthenon ferner war Eros als knabe hinter der nackten mutter stehend gebildet, im friese steht er als mellephebe neben Aphrodite und hält einen sonnenschirm: in der gedrängten figurenreihe des giebels, wo er im hintergrunde erscheint, mochte die knabenbildung passender sein, hier im nebeneinander des flachreliefs wo auch er einen eigenen platz auszufüllen hatte liess schon die isokephalie die mellephebenbildung angemessener erscheinen. Zwischen Aphrodite und Peitho steht er auch auf dem friese des Niketempels in jener erwachseneren gestalt (Ross Schaubert t. 11, A). Ferner hat Michaelis nicht ohne wahrscheinlichkeit auf den beiden Parthenons metopen t. 4, 24 und 25 dieselbe composition erkannt, wie auf einer unten zu erwähnenden Vase: Aphrodite tritt zwischen Helena und Menelaos und entsendet den winzig kleinen Eros, der auf letzteren zuschwebt; Aphrodite war in der tradition gegeben, Eros dagegen ist hinzugefügt, um die eigenart der macht Aphroditens gerade in diesem augenblicke zu zeigen; auch hier ist er vor allem aus leicht einzusehenden künstlerischen gründen so klein gebildet, aber nicht als menschliches kind, sondern ganz seinem hier noch begrifflichen und fast körperlosen charakter entsprechend. Gewiss ist es keineswegs zufall, dass uns von Phidias und seiner schule Eros nur in verbindung mit Aphrodite bekannt ist; auch der Eros des Zeuxis (ol. 88) war wenigstens im tempel der Aphrodite.*) Ein hauptgegenstand für statuarische einzelwerke der ersten künstler wird Eros erst in der zweiten Attischen schule, ganz wie wir es in der gleichzeitigen poesie beobachteten und wie es der geist der zeit verlangte, der die leidenschaft der wirklichkeit, das pathologische interesse so sehr vor den ethisch idealen typen bevorzugte. Eine würdigung der überlieferten meisterwerke des Praxiteles und Skopas muss einem andern orte vorbehalten bleiben; hier haben wir es zunächst mit den Vasen zu tun. Eine anordnung der masse von

---

*) Das mosaik aus Olympia das Semper (Stil. I, 62) der phidiasischen zeit zuschreiben möchte, kann derselben unmöglich angehören wegen des rein decorativ und ohne hervortretende bedeutung auf dem schwanze eines Triton reitenden Eros.

darstellungen, die möglichst vielen gesichtspunkten gerecht wird, ist schwierig; eine durchgehende ordnung etwa nach den stilarten im einzelnen ist nicht durchführbar, so sehr ich auf sie rücksicht nehmen werde; ich lege daher folgende allgemeinere einteilung zu grunde, nach der wir zuerst die fälle betrachten, wo Eros sich zu personen der sage und des mythus gesellt.

1. Eros in mythischen darstellungen.

Obwol Eros seinem begrifflichen wesen nirgends untreu wird, lassen sich doch darstellungen ausscheiden, wo der künstler auch durch die mythische tradition ein gewisses äusseres recht hatte Eros hinzuzufügen, im gegensatze zu der umfangreicheren zweiten gruppe, wo er lediglich psychologischen gründen seine anwesenheit verdankt.

a) Mit der durch die tradition bedingten Aphrodite.

Anlass den Eros einzuführen musste zuerst da statt finden, wo seine mutter Aphrodite durch die sage selbst gefordert war, war sie doch in der anschauung unserer zeit ohne ihren helfenden und dienenden sohn kaum mehr zu denken (cf. Plat. Symp. 180 D). Ich scheide diese gruppe mehr aus praktischen gründen aus, indem sie zur folgenden keineswegs immer einen gegensatz bildet, wie denn die spätern bilder des Parisurteils den Eros ganz in der psychologischen weise verwenden.

Voran ist zu nennen Mus. Greg. II, 5. 2a (Overb. Gall. 26, 12) eine herrliche Vase, deren original vielleicht, wie oben bemerkt, am Parthenon zu suchen ist. Aehnlich scheint zu sein Campana ser. 11, 68 (E. mit schale) und Bull. d. J. 1871, 155 (wo man die geschmacklosigkeit dass Eros dem Menelaos etwas in die augen giesse nie hätte glauben sollen; cf. Arch. z. 1873, 76). Im Parisurteil vertritt noch die ältre mehr andeutende auffassung Gerhard Apul. Vb. D, 1, wo Eros, als jüngling gebildet, hinter Aphrodite herbeischwebt (zwischen dem henkel); umgekehrt schreitet er ihr keck ermunternd voran Ann. d. J. 1833, E. Im spätern eigentlich malerischen stil treten, abgesehen von den unbedeutenderen wenig charakteristischen bildern bei Gerhard Ap. Vb. 11; 12; 13, besonders zwei auffassungen hervor, je nachdem der sieg mehr durch die schönheit der Aphrodite selbst oder durch ihre liebesversprechungen errungen gedacht wird. So schmückt sie sich unter Eros beihilfe Overb. Gall. 10, 2; Neapel 3244. Auf der interessanten attischen pyxis, wo jede göttin mit einem gespanne auffährt (im Rhein. Mus. 1874) hat sie das schönste und wirksamste gezogen von zwei Eroten, die kanne und schalen tragen, den bezaubernden liebestrunk für Paris. Unmittelbareren bezug hat es, wenn $EP\Omega\Sigma$ seine mutter frägt, ob er Paris überreden solle: Compte r. 1861, 3. Bull. d. J. 1868, 187 hat sie ihn bereits zu Paris gesandt, dann legt er mit süsser überredung die hand auf Paris schulter.*) Noch einen zweiten Eros hält Aphrodite zurück, während der andere überredet Overb. Gall. 11, 1, wo die Eutychia über Aphrodite zeigt, wie sehr hier schon der allgemeine gedanke die darstellung der tradition durchsetzt.

Noch klarer ist dies ib. 10, 5: die idee ist der triumph der liebe; ein netz ist um Paris gesponnen, dem er so wenig entrinnen kann als Zeus der hier in Ganymed sich verliebt. Es treten Eros, Himeros und Pothos inschriftlich auf; obwol die drei, wenn auch nicht zusammen, schon in alter zeit von der poesie personificirt wurden, so war es doch wol erst Skopas, der sie neben einander in der kunst zu bilden wagte; dass bei einer solchen nebeneinanderstellung alles darauf ankam, ja geradezu alles interesse

---

*) Compte r. 1863, 1, 1; Arch. z. 1867, 224 (cf. ib. 1870, p. 81) wo auch das schöne motiv der stellung wiederkehrt (vgl. Praxiteles Sauroktonos).

allein in einer möglichst feinen unterscheidung liegen konnte, ist an und für sich klar; es entsteht nur die frage, ob Skopas und die ihm folgenden künstler dafür in der allgemeinen anschauung eine feste grundlage hatten? Ich glaube entschieden ja. In voralexandrinischer periode nemlich unterschied man so: Himeros ist der unwiderstehliche zug zu einem objekte vor augen, Pothos das aufgeregte verlangen, die sehnsucht nach dem fernen gegenstande, Eros bleibt obenan (ist vater der übrigen bei Plat. Symp. 197 D), er ist der vor allen tätige und noch am wenigsten begriffliche. Um dies zu beweisen sehen wir uns in der literatur um (einiges bei Jahn Ann. d. J. 1857, 129): zunächst spricht sich klar in obigem sinne über Himeros und Pothos aus Platon Krat. 419 E, über Himeros Phädr. 251 C (vgl. Pollux 2, 63 τὸ ἀπ' αὐτῶν [ὀφθαλμῶν] ἀπορρίον ἵμερος); ferner, gewiss aus guter quelle, schol. ad Hesiod. theog. 201: Eros ist das allgemeine liebende begehren, wenn man etwas zuerst sieht, Himeros das verlangen (ἐπιθυμία, cf. ad theog. 64), wenn man etwas bereits kennt, es nun auch sich ganz zu eigen zu machen. Die voralexandrinischen dichter unterscheiden regelmässig in der angegebenen weise, wo sie überhaupt das wort in significanter art gebrauchen, was keineswegs immer der fall sein muss, da ja allen drei wörtern derselbe hauptbegriff zu grunde liegt. Als beispiele mögen dienen: πόθος (als begriff) die sehnsucht nach etwas fernem bei Archiloch. fr. 84, denn nur sie kann so schmerzvoll sein; Tyrtäus fr. 12, 28; Anakr. fr. 113; Pind. Pyth. 4, 184; Aesch. Pers. 62, 132, 134, Ag. 414; Soph. Phil. 601, O. C. 333, O. R. 518, Trach. 107, 631, 755; Eur. Alk. 1087, Phön. 330, Iph. Aul. 431, fr. 318, Hel. 1306 und danach Carcin fr. 5, 4 (Nauck p. 621), Menander 4, 158, 1 (Mein.), cf. Nonn. 10, 321. Auch noch Meleager (anth. Gr. 1, 11, 19 und 15,45) unterscheidet bisweilen Pothos, während sonst die Alexandriner und die folgezeit trotz des häufigen gebrauchs eine feinere nuancirung durchaus nicht mehr kennen. Für ἵμερος in der bezeichneten bedeutung sind besonders charakteristisch stellen wie Pind. ol. 3, 33: Herakles sieht die bäume und hat ἵμερος sie zu verpflanzen, ol. 1, 41: Poseidon sieht und raubt Pelops aus ἵμερος. Aesch. Prom. 685, Suppl. 1005; Soph. Ant. 795 der unmittelbares sinnliches verlangen erregende reiz, ebenso Arist. Lys. 515 (cf. Luk. dial. deor. 20, 15); Eur. Med. 556, dagegen 623 in feiner modification. — War dies aber die allgemeine unterscheidung, von der Skopas sich gewiss leiten liess, so dürfen wir sie auch auf unserm bilde vermuten, wo der künstler in der tat eine steigerung beabsichtigt zu haben scheint; freilich erlaubten ihm seine mittel nicht dies durch eine charakterisirung von innen heraus zu tun, wie wir es bei Skopas voraussetzen müssen, er konnte nur durch die verschiedenartige stellung und handlung seinen zweck erreichen, demnach ist Eros der tätige voran und sucht Paris zu überreden; bald aber wird Aphrodite auch Pothos entsenden, der stürmisch ihn in die ferne nach Hellas treibt, wo er endlich in Helenas armen schwelgend Himeros macht erfahren wird. So erklärt sich einfach die gruppirung und aufeinanderfolge. Nur noch eine Vase vereint alle drei dämonen (leider nur beschrieben Bull. d. J. 1836, 122, Jatta 1508,) wo jedoch auch die unterscheidung beabsichtigt scheint: Eros neben Eua der allgemeinen personification bakchischen jubels, Pothos neben Thyone der vor allen aufgeregt schwärmenden und Himeros bei Dionysos selbst als höchste steigerung. Eros und Himeros scheinen unterschieden auf der Berliner Hebe-Vase (s. unten), indem letzterer von Aphrodite für den hauptmoment reservirt wird. Sonst treten sie nur einzeln auf, wo zu einer unterscheidung und charakterisirung natürlich nicht so viel grund vorhanden war; doch ist bezeichnend dass Pothos fast nur in bakchischen scenen vorkömmt, wo er das aufgeregte ziellose verlangen ausdrückt. Dass wir jedoch nie berechtigt sind ohne inschrift einen Himeros oder Pothos anzunehmen hat schon Jahn (a. a. o.) richtig gesehen; denn auch Himeros und Pothos sind nichts andres als Eroten und nicht etwa eigentliche personificationen psychologischer affecte, denn solche, d. h. menschliche gestalten, durchdrungen von den charakteristischen elementen eines affects und danach gestaltet, sind auf Vasenbildern kaum je mit sicherheit nachzuweisen, wenn der maler nicht in richtiger erkenntniss seiner beschränkten mittel eine inschrift beigesetzt hat, wozu er dann mitunter auch als beigabe eine innere charakterisirung versucht.

Doch kehren wir von diesem excurse zurück und verfolgen zunächst das abenteuer des Paris weiter, das ja in der sage durchaus von Aphrodite geleitet wird, die meist von Eros begleitet wird; so bei Paris und Oinone Millingen div. 43 (cf. Brunn Tro. misc. 61); auf der schönen schale strengeren stils Gerhard Ant. B. 34 ist er gesandt von seiner mutter die Helena noch reizender zu machen, kauernd schmückt er ihr den fuss während Paris eintritt; auf ihrem schoose sitzt er überredend Overb. Gall. 12, 8; zwei Eroten leiten und ermuntern Paris als er Helena seine liebe schwört auf dem feinen gefässe Compte r. 1861, 5, 1, vielleicht sind es Aphrodite und Peitho, die den vorgang umschliessen. Endlich leiten auch die entführung der Helena zwei Eroten, einer mit zwei fackeln dem wagen voranschwebend (gewiss die brautfackeln; nach Steph., da es nacht sei) auf einem eben so feinen bilde ib. 5, 3.

Ferner ist Aphrodite im mythus gegeben und von ihrem sohne begleitet beim streit um Adonis: er fleht mit seiner mutter vor Zeus, während ein zweiter Eros auf den vornen ruhenden Adonis zuschwebt Bull. Nap. n. s. 7, 9. Charakteristisch ist Mon. d. J. 6, 42, wo auch Persephone von einem Eros begleitet wird, doch nur um zu zeigen, dass für beide die liebe triebfeder ist, ein beweis wie sehr man in dieser zeit gewohnt war Eros von der rein psychologischen seite zu fassen.

Endlich ist es häufig ein gewisser mythischer connex, der die spätere Vasenmalerei veranlasst Aphrodite nebst ihrem sohne, meist in der obern reihe, der composition beizufügen; die beziehungen sind dabei nicht immer klar und wäre es daher möglich dass auf einigen der zu nennenden bilder auch das streben nach psychologischer motivirung vorgewaltet haben mag, wie in der nächsten gruppe. Beim streite des Marsyas ist Aphrodite als dessen gönnerin mit Eros gegenwärtig Gerh. Ant. B. 27 und Arch. z. 1869, 17 wo Eros sich spiegelt in der schale der mutter, wie bei diesen bildern öfter solche kleine genrehafte motive für die lockere composition entschädigen sollen. — In der götterversammlung tronen sie in grossen darstellungen Mon. d. J. 2, 30, 31; Millingen div. 23; Bull. Nap. 1, 3 wo Eros die mutter salben will; wenig klar sind die beziehungen Mus. Blacas 7 und Rochette mon. in. 45. Auch warum sie bei der aussendung des Triptolemos gegenwärtig sind (Compte r. 1862, 4 inschriftlich nebst Peitho; Brunn supplem. zu Strube taf. II) ist nicht ganz klar; Strube (stud. p. 18) denkt an ein liebesverhältniss des Triptolemos zu Demeter, von dem jedoch gar keine andeutung in der tradition sich findet, man wird daher Aphrodite besser als beschützerin des frühlings und wachstums fassen, wie ja auch die Horeh gegenwärtig sind und hier überhaupt nicht die menschliche sondern die naturseite des vorgangs betont wird. Endlich mag sich noch anschliessen Bull d. J. 1868, 153, 1, wo Aphrodite und Eros über Orpheus untergang beraten sollen, vielleicht ist nur ein von Asiaten diesen göttern gefeiertes fest gemeint; so sitzt Aphrodite mit Eros unter Asiaten Gerhard Apul. Vb. 5.

An diese gruppe reihen sich nun auch diejenigen bilder, die Aphrodite und Eros allein unter sich oder mit wesen verwandter art zeigen. Gewöhnlich hat man hieher eine grosse zahl von darstellungen gezogen, indem man mit den namen Aphrodite und Chariten äusserst freigebig war, während sich bei kritischer betrachtung ergiebt, dass es nur sterbliche menschen sind; ich führe daher nur die fälle an, wo mir Aphrodite hinlänglich gesichert erscheint. Dies ist zunächst bei der schönen Münchner Vase 805 (Arch. zt. 1860, 140) der fall, an deren halse Aphrodite in der mitte sitzt und sich von einem Eros kränzen lässt, während zwei andre sich mit einem kranze unterhalten und noch zwei alla morra spielen: eine breite darstellung der liebesmächte die alles anstiften und lenken was auf dem bauche der Vase gemalt ist. Zweifelhafter muss man bei einer reihe feiner gefässe in Attischem stile sein, doch scheint mir Aphrodite wahrscheinlich in folgenden fällen: Mus. Borb. 2, 30, 1, wo sie in anmutigster weise mit Eros gruppirt ist; Jatta 1393 steht Aphrodite mit einer taube dem auf einer blume sitzenden Eros gegenüber und Petersb. 1196 steht er mit einem stäbchen vor Aphrodite, hinter der Peitho. Umgeben von drei Chariten wird Aphrodite von dem vor ihr kauernden Eros am fusse geschmückt Bull. Nap. n. s. 6, 4, 2; letzteres war ein beliebtes motiv vgl. Gerh. Ant. B. 34, Elite 4, 38, Compte r. 1863, 1, 2, auf gemmen ib. 1861, 6, 6; 1865, 3, 24. — Stackelberg 27 kann das leben der liebesmächte dargestellt sein, Eros kramt in einem kästchen und wird mit früchten bedient, doch befremdet der zuschauende jüngling mit seinem mädchen. Als eine ausnahme unter den Vasenbildern ist zu bezeichnen Ber. d. sächs. ges. 1854, 13 und Ant. du Bosph. 61, 6, denn hier ist Eros ganz von der menschlich persönlichen seite als sohn der Aphrodite gefasst, er hält ein kinderwägelchen und bittet die mutter um den lieblingsvogel.

Hierher gehören auch zwei bilder die den Eros durch die inschrift näher als Himeros bezeichnen: Mus. Blacas 22, 2, (in noch strengerem stil), es hält ΠΕΙΘΟ ein gefäss unter das von oben herabfliessende (öl?), vor ihr aber sitzt ΙΜΕΡΟΣ und hält, wie mir scheint, ebenfalls ein alabastron, er wartet bis Peitho gefüllt hat. So individuell der moment gefasst ist, so schimmert doch der gedanke durch: süss einschmeichelnd beredet Peitho zur liebe, dann aber kömmt Himeros der ἱμερτός macht und das liebende verlangen erweckt. Weniger ist dies der Fall München 234 (Ann. d. J. 1857, A): Himeros wird geschaukelt von Paidia, ein heitres spiel der jugend auf die götter übertragen, die scherz und jugendliche anmut vor allen beschützen.

Weniger zweifelhaft, aber äusserlicher gefasst zeigt die unteritalische malerei die liebesmächte: Dubois-Mais. intr. 41, 1 wird Aphrodite zu wagen von zwei Eroten gezogen (wie Mon. d. J. 4, 15; Gerh. Mystb. 5), ähnlich auf einem polychromen vergoldeten gefäss aus Cyrenaica Brit. Mus. C. 39, wo jedoch, nach dem gebrauche dieser attischen produkte, Aphrodite nackt ist. Staunen ergreift die natur, ergreift Pane und Nymphen, wenn Aphrodite in voller herrlichkeit auf dem schwane durchs meer fährt begleitet von Eros (als frühlingsgöttin?) Gerh. Ant. B. 44, einfacher Laborde I p. 31, Petersb. 2015. Aphrodite scheint es zu sein die, von Eros geleitet, auf einem viergespanne fährt Neapel 3417, 2204, 2336 am halse von Vasen, die unten erotische scenen zeigen.

Ein besonderes interesse beanspruchen die bilder attischer technik mit vergoldung, deren verfertiger durch inschriften den scenen aus dem frauen- und liebeleben einen tieferen gehalt zu verleihen suchen; denn diese inschriften gehen nicht auf individualisirung sondern auf verallgemeinerung aus, wie auch sonst auf Vasen dieser zeit; so finden sich einmal einer gewöhnlichen komosscene die namen Paian Neanias Komos beigeschrieben (Arch. z. 1852, 37); gar nichts haben diese erscheinungen aber mit jenen kalten alexandrinischen personifikationen wie Eniautos Penteteris Mesembria u. a. zu tun, von denen sie Helbig (unters. p. 216) abhängig machen will. Doch betrachten wir die einzelnen Vasen: Stackelberg 29 steigern sich die begriffe von der seite zur mitte: der Kleopatra, (edle abkunft und stand), entspricht r. Eudaimonia, glückliche lebensstellung, der Paidia und Eunomia, einem in zwei hälften aufgelösten gliede, scherz und heiterkeit verbunden mit sittlichem masse, entspricht r. Peitho die liebenswürdig überredende; als krone und mittelpunkt aber Aphrodite mit Eros auf der schulter: denn liebe und schönheit ist die hauptsache, die mit dem übrigen vereint, erst das wahre glück des daseins erzeugt. Alle diese göttinen des glücks haben aber die gestalt heitrer mit putz und spiel beschäftigter mädchen. Das gerät, mit dem sich Peitho abgibt (Compte r. 1860, 1 und Arch. z. 1871, 45 mit geringer modification wiederkehrend), halte ich für eine art kohlenbecken für wohlgerüche, der μυρόπνους Πειθώ (Anth. Gr. 1, 4, 5) wol anstehend und auch bei Nike über dem altare leicht erklärlich.*) Zwei repliken derselben vorstellung zeigt Jahn Vas. mit gold. II, 1 u. 2: gesundheit (Hygieia), schönheit (Kale), sinnlicher genuss (Pandaisia) und der inbegriff alles glücks Eudaimonia welche Eros begleitet, begrüssen und umringen einen jüngling (name fragmentirt), der zu ihnen eintritt; gewiss ist die politische beziehung die Steph. CR. 1860, 15 dem bilde gibt verkehrt: das allgemeine lebensziel das jedem vorschwebt ist dargestellt. Während aber oben wenigstens Eros bei Aphrodite und Peitho sich befand, sind es hier lauter begriffe und Eros selbst scheint in allgemeiner begrifflicher weise angegewandt, als glückseligkeit verleihender dämon. Dagegen ist er wieder diener Aphroditens auf der schönen lekane Bull. Nap. n. s. 2, 6 (cf. CR. 1860, 12), ringsum Klymene Pannychis und Eunomia; auch Harmonia als ergänzung der Aphrodite (cf. Aesch. suppl. 1042) sitzt als hausfrau gegenüber und Eukleia vor ihr.

b) Psychologisch.

Wurde schon in den oben besprochenen bildern Eros oft überwiegend von der psychologischen seite gefasst, so ist dies bei den folgenden ausschliesslich der fall. Es lassen sich hier zwei grössere gruppen scheiden, je nachdem nemlich Eros als liebesprincip in jedweder mythologischer **handlung** auftritt, oder er mit bestimmten göttlichen personen

---

*) Petersen Pheidias 135 hält es für eine vogelfalle, doch scheint das gerät ganz offen zu sein. Auch er glaubt Eros soll darin gefangen werden, ein unmöglicher gedanke.

durch charakterähnlichkeit eine dauernde verbindung eingegangen hat. Innerhalb der ersten gruppe betrachten wir zuerst die fälle wo er mit Aphrodite verbunden auftritt, die liebesabenteuer der götter und heroen lenkend, ein freier zusatz des künstlers ohne mythische begründung, nur aus bedürfniss nach psychologischer motivirung. Den übergang bilden zwei schöne gefässe noch vormalerischen stils, die noch einen gewissen mythologischen charakter bewahren: Laborde 1, 25 umschliessen Aphrodite und $EP\Omega\Sigma$ die verfolgung der Amymone von beiden seiten, ganz analog Luynes descr. 29 wo Dionysos nach einem mädchen hascht, ähnlich Mus. Blacas 21. Vgl. auch Beugnot 46. Hinter Zeus, der Ganymed verfolgt, schwebt Eros her mit schale und kanne während Aphrodite (Peitho?) ihm den kranz reicht, auf einer Vase ebenfalls vormalerischen stils (Overbeck atl. z. kunstm. 7, 19). — Ungleich häufiger im eigentlich malerischen stile: so leiten sie die entführung Europa's Dubois-Mais. intr. 65; von ihnen ist Zeus auch gelenkt wenn er um Jo's liebe wirbt, während die cifersüchtige Hera bereits Argos sendet: Elite 1, 25, eine darstellung des allgemeinen gesammtinhalts der sage nicht aber einer einzelnen scene derselben, wie man gewöhnlich annimmt; noch bedeutender ist die Jodarstellung Mon. d. J. II, 59, 1, wo der allgemeinere gedanke, Zeus unter der herrschaft der liebe darzustellen, recht klar wird, er zerstört Hera's pläne und lässt Argos tödten, bezwungen von Aphrodite und den Eroten. Auf Jo will Engelmann auch die genauer als bei Laborde II, 4 in der Arch. zt. 1873, t. 15 publ. Vase beziehen, wo er Argos Jo und Hermes erkennt, die vielen übrigen figuren sollen der raumfüllung wegen gedankenlos hinzugefügt sein. Würden die drei genannten personen in einer klaren handlung ein festes centrum bilden, um das sich das übrige locker gruppirte, könnten wir allenfalls beistimmen. Dagegen ordnen sich diese drei figuren, ohne unter einander in näherer beziehung zu stehen, vielmehr einem ganzen unter, dessen schwerpunkt l.

in der im stuhle sitzenden frau liegt: hierher sind richtung und aufmerksamkeit fast sämmtlicher figuren gelenkt, namentlich erscheint die angebliche Jo durchaus als nebenfigur. Eine deutung des seltsamen bildes vermag ich nicht zu geben, höchstens kann der kreis näher bezeichnet werden, wo eine solche zu suchen ist: ausser Hermes, Pan und den Satyrn, die sicher sind, mag man in der frau l. oben Aphrodite erkennen, einem Eros gebietend; die hauptscene darunter fasse ich so: der bote ist bereit ein kästchen von der frau in empfang zu nehmen; der Eros dazwischen, der ihm die tänie heraufreicht, zeigt dass er liebesgaben — von dem mädchen — überbringen soll. Ist es eine braut, noch fern vom gemahl? Deutet das übrige, nach dem gedankenkreise dieser bilder, das kommende aphrodisisch-bakchische glück an? Zwei jünglinge haben hörner und syrinx als Pane, ist das gehörnte Mädchen eine Panin?

Nach gewohnheit der untcritalischen gefässe sitzen Aphrodite mit Eros das liebesabenteuer beschützend öfter in der obern reihe, so Gerh. trinksch. und gef. 22, 1, wo ich trotz Stephani CR. 1863, 96*) die entführung Ganymeds, und zwar für Zeus, erkenne; nicht zu übersehen ist nemlich Laborde II suppl. 6: hier reitet ein knabe**) auf einem schwane durch die luft, er hält den reifen, der auf Vasen für Ganymed charakteristisch ist, vor sich hin, Eros (auf dem rev.) eilt mit ausgestrecktem arme ihm entgegen, wie um ihn anzutreiben; nach dem frg. bei Gerhard l. c. 22, 4 ist hier gewiss Ganymed anzunehmen; der adler als räuber desselben ist bekanntlich den Vasen fremd, eine andre tradition mag den schwan, das tier der wollust, passender gefunden haben; Poseidon in der obern reihe ist dagegen nur als beschützer des Dardanidenhauses gegenwärtig und Hermes wird den schwan mit Ganymed zu Zeus geleiten. —

---
*) cf. Overbeck, Zeus p. 518.
**) Die herausgeber der Elite (4, 54 der avers wiederholt) sahen die flügel des schwans für die eines Eros an, dem Anteros entgegeneile!

Ferner sitzen Aphrodite und Eros über einer mythologischen entführungsscene (vielleicht der Persephone?) Bull. d. J. 1871, 157, 4; über Europa, der der stier sich naht (Overb. atlas zur kunstm. 6, 12), über Dionysos und Ariadne (Neapel 2375), über Perseus der Andromeda befreit (Neap. S. A. 708; Mon. d. J. 9, 38) und über Theseus und der Antiope kampf als andeutung der kommenden liebe (?, Mon. d. J. 2, 13). Ein feines aber schwieriges bild ist Minervini mon. di Barone 18: der deutlich charakterisirte Herakles nemlich ruht aus, im begriffe sich die flügelschuhe auszuziehen, er sieht auf zu eirem demütig dankenden oder bittenden mädchen, r. Hermes, l. Pan, oben Aphrodite und Eros der mit tänie herabeilen will, r. Athene. Die apotheose Minervinis macht schon Pan unmöglich. Ich kann mir die scene nur als eine freie umbildung einer Heraklessage nach analogie des Perseus mit Andromeda denken: auch Herakles hat die flügelschuhe von Hermes empfangen, zur befreiung der Hesione, und wie es Perseus ziel ist Andromeda zu gewinnen (cf. Eur. fr. 126), so wird auch hier eine umbildung ins erotische vorgenommen: Hesione kann keine lust haben zu dem grausamen vater zurückzukehren: sie bittet hier Herakles, sie mitzunehmen und wird darin von Hermes unterstüzt, schon eilt Eros herbei, beide in liebe zu vereinen; dass die rosse der eigentliche preis sind, wird vollständig ignorirt; ebenso musste Telamon wegbleiben, der sonst Hesione heimführte. Ein solches freies verhältniss der Vasenmaler gerade dieser periode zur überlieferten sage, die vor allem in erotischem sinne umgebildet wird, dürfte überhaupt öfter nachweisbar sein als man gewöhnlich annimmt, sobald man nur den künstlerischen motiven gehörig rechnung trägt.

Auch Pelops wagniss lenken die liebesmächte, oben (Mon. d. J. 5, 22) oder unten sitzend (Ann. d. J. 1840 N); sie stehen hinter Pelops Ann. 1851, QR, denn er wird von liebe getrieben; aber es ist auch eine rachetat, rache an dem wilden verbrecher Oenomaos durch Myrtilos, darum steht hinter letzterem eine Erinys als andeutung der nahenden vergeltung und des verderbens. Verwandt ist Gerhard Apul. Vb. 6: r. von Aktaions tod stehen Eros und Aphrodite, l. Artemis einer Erinys*) gebietend, dort der trieb zur tat, hier die strafe, die rache der verletzten gottheit. Auch der raub des Chrysippos wird von Aphrodite und ihren söhnen geleitet (Overb. Gall. 1, 2), nicht minder der liebeskampf des Pelous und der Thetis Overb. Gall. 7, 8; 8, 5; 8, 1 auch Peitho und Pan; Compte r. 1869, 4, 3, leider frg., war Aphrodite vielleicht auch anwesend, Eros schwebt auf Thetis kopf zu, wie um sie zu schmücken. Auf Peleus schwebt er zu als helfende macht auf der schönen Vase bei Salzmann necrop. de Camirus, während dahinter Aphrodite sitzt und bei ihr Poitho. Als psychologisches motiv des kampfes scheinen sie auch bei Herakles und Acheloos gegenwärtig zu sein (Jatta 1097 § 3 wenn richtig gedeutet.) Gerhard Apul. Vb. 15 führt Eros den Herakles zur Hebe, Himeros (inschr.) wartet noch bei Aphrodite. Brit. Mus. 1440 führt Nike den aptheosirten Herakles, Eros führt die pferde; noch deutlicher Bull. Nap. n. s. 3, 14, wo Silen vorangeht, Aphrodite und Eros ihn erwarten: das wahre glück besteht in aphrodisisch dionysischem genusse.

Den schluss mögen zwei besonders interessante bilder machen: Michaelis Thamyris und Sappho (vgl. Jatta 1538 p. 847); die deutung von Michaelis ist unbefriedigend und basirt dazu nur auf der willkürlichen ergänzung einer inschrift; denn dass die buchstaben ΣAO, denen andre sowol vor als nachgefolgt sein können, noch gar manche ergänzung zulassen ist gewiss. Suchen wir daher aus den motiven der composition selbst eine deutung zu gewinnen: die drei engverbundenen frauen gehören offenbar zusammen als aphrodisischer dreiverein: unten Aphrodite, dann etwa Peitho und Paregoros, einer der drei Eroten weist auf Thamyris, Aphrodite lauscht der musik. Thamyris singt in schwungvoller

---

*) Die benennungen, die Körte (personif. psychol. affecte) vorschlägt, scheinen mir noch nicht hinlänglich gesichert.

begeisterung, siegesgewiss wendet er sein haupt zu den Musen; es kann kein zweifel sein, dass die aphrodisischen mächte hier wie in den obigen fällen als psychologisches motiv der handlung des helden fungiren, also sagen wir: von liebe inspirirt singt Thamyris; dazu stimmt vortrefflich der kranz, den er im gürtel trägt (nicht gestickt!), dessen hochzeitlich erotische bedeutung überall wo er vorkömmt klar ist*). Die einfachste erklärung der so erkannten tatsache bietet aber offenbar die sage, nach der Thamyris aus liebendem verlangen zu den Musen sich zu einem wettstreite mit denselben herbeigelassen habe. Die Musen hat Michaelis richtig erkannt; dass sie aber dem Thamyris freundlich seien finde ich durchaus nicht ausgedrückt: die eine mit dem perlenhalsband kann dies sehr wol für sich betrachten und anlegen wollen, besonders da sie fast allein keines am halse trägt (vgl. die Paida D. a. k. 2, 206); die zunächst l. unten sitzende lauscht zwar aufmerksam, aber zurückhaltende beobachtende kälte liegt unverkennbar in ihrer haltung; auch die bewegung der r. sitzenden ist die einer kritisch-sinnenden, nicht entzückten; dass endlich Apoll sich abwendet und mit einer Muse ernst spricht kann doch nur als zeichen seiner kälte und abneigung gefasst werden; wir erraten den gegenstand des gesprächs, und wer den ausgang der sage kannte, der wusste, dass verderben dem schönen sänger naht — und daran ist seine liebesbegierde schuld.

Diese verderbliche macht der Aphrodite und des Eros, die wir besonders bei Euripides betont fanden (z. b. Hipp. 542) tritt noch klarer hervor in der Meleager-Vase Arch. z. 1867, 220, hier ist dem Eros beigeschrieben ΦΘΟΝΟΣ, d. h. es ist die liebe die hier zerstörend wirkt gleich dem φθόνος θεῶν gegen das junge leben Meleagers, denn seine liebe zur Atalante bringt ihm ja den tod: die scene ist eine

---

*) so bei den Dioskuren der Meidias-Vase, dem Pelops Mon. d. J. 8, 3 und Kadmos s. unten, auch bei Paris Overb. Gall. 11, 1; cf. Ann. d. J. 1864, 366, 91.

vorgeschrittenere, aber der gedanke derselbe wie anf der Thamyris-Vase. Der bogen und die pfeile die Aphrodite hält sind die ihr eignen geschosse, wie bei Eurip., die sie dem Eros zur ausübung überlassen kann, nicht aber als ob sie dieselben dem Eros aus mitleid weggenommen hätte. Einen früheren moment derselben sage zeigt eine andere Vase (beschr. und richtig gedeutet bei Körte person. psych. aff. p. 56), wo Meleager der Atalante das fell übergibt, welche tat durch Eros und Aphrodite als aus liebe geschehen bezeichnet wird.

Auch ohne Aphrodite wird Eros häufig allein in die liebesabenteuer der götter verflochten: so bei der Europe, indem er entweder den stier bekränzt (Passeri 6, Millingen div. 25) oder ihn niederdrückt (Jahn entf. d. Eur. 1, cf. Nonnus 1, 79), oder er schwebt geleitend dem zuge durch's meer voran (Gerh. Apul. Vb. 7; Overbeck, atlas zur kunstm. 6, 16), ja drei Eroten empfangen und geleiten die ankommende in lebendiger handlung Compte r. 1866, 3. Ueber Jo giesst Eros schönheit (Elite 1, 26) aus, und auf einer späten polychromen Vase ermuntert er Danae den regen zu empfangen (Brit. Museum C. 38); über Hades wagen der Kora entführt schwebt er Millingen a. m. I, 16, von seiner stelle versetzt Mon. d. I. 6, 42. Auch zwischen Amymone und Poseidon steht er ermunternd (Amalthea II, t. 4). Besonders häufig weilt er bei dem liebesbündniss des Dionysos und der Ariadne: er beschützt und beobachtet die in liebe vereinten*), ihre brautfahrt umgeben locker zwei Eroten (Compte r. 1863, 5, 2); häufig kränzt er eines von beiden oder schwebt sonst um sie, immer als ausdruck ihrer liebesstimmung.**) Das bedeutendste monument dieser reihe

---

*) Millingen uned. mon. 1, 26; Bull. Nap. 3, 1, 3 fein, ähnlich Petersb. 1922.

**) Laborde 1, 56 (cf. Steph. CR. 1862, 147); Neapel 3225, 936 2847, S. A 25; Petersb. 2021; Rossi vasi Blacas 21 p. 59; Brit. mus. C 3; Compte r. 1860, 2, 1; Millin v. p. 1, 37 (wo auch Herakles); Brit. Mus. C 9 (überredend), C 20 auf

ist jedoch die Vase von S. Martino (Gerh. Ant. B. 59). Gewiss richtig hat Klügmann die χρυση φιλομηλη für Aphrodite erklärt (Arch. z. 1863, 46); die hauptschwierigkeit liegt aber in dem mädchen in der mitte mit dem zierlich verschämten gestus (cf. Ann. d. J. 1862, 259); auch ich wage nur eine vermutung darüber auszusprechen: es scheint mir nemlich klar, dass jenes mädchen eine herankommende für Dionysos bestimmte geliebte sei, er wird auf sie hingewiesen von einem überredend angeschmiegten mädchen, das wir wol Peitho nennen dürfen; die ankommende ist auf einem (vom hügel verdeckten) wagen angekommen, der mit rehen bespannt ist und von einem Eros gelenkt wird: *EPOΣ KAΛOΣ* (die rehe erkannte Stephani CR. 1863, 217, der jedoch Dionysos wagen annimmt, was nicht zu der stellung passt); wer könnte aber jenes mädchen eher sein als Ariadne, deren wiedervereinigung mit Dionysos alljährlich mit der bessern jahreszeit gefeiert wurde (cf. Preller Gr. myth. 1³, 532)*); dass bei diesem wiederaufleben der natur Aphrodite und ihre Chariten (die beiden mädchen neben ihr) keine geringe rolle spielen, ist bekannt; aber auch Eros, der zwischen Dionysos und Ariadne, schnürt sich die stiefel, d. h. offenbar, es beginnt eine neue periode der wirksamkeit auch für ihn, für die er sich rüstet; um seinen zusammenhang mit Dionysos zu bezeichnen trägt auch er die dionysische tänie (wie auch berauschte jünglinge und männer, z. B. Arch. z. 1852, 37; Mon. d. J. 2, 12). Gewiss beabsichtigt ist auch hier der so beliebte gegensatz zwischen dem naturgewaltigen Dionysos und dem in reiner hohheit tronenden Apoll auf dem revers.

Aber auch Apoll muss manchmal dem Eros weichen. Neapel 3224 spielt er unter Musen und Eroten die leier,

---

Ariadnes arm sie schmückend, Neapel 2008 schönheit über sie ausgiessend.

*) Wenn Stephanis lesung der inschrift bei Dionysos als φλων der strotzende sicher wäre, so diente sie nur zur bestätigung meiner deutung.

darüber hin führt Aphrodite von zwei Eroten gezogen; ib. 2541 singt er ebenfalls von Eros bezwungen; dass aber auch die dem Apoll nahestehenden spröden Amazonen von Eros entzündet werden können, lehrt der revers; im innenbilde zwei Eroten in blumengewinden! — Nicht minder fügte man Eros in die liebesabenteuer der heroen ein, und zwar bald mehr persönlich tätig, wie wenn er das verfolgte mädchen aufzuhalten sucht (Compte r. 1868, 4, 1), oder (Ant. du Bosph. 53) wenn einer des kentauren liebesbrunst anstachelt, und ein zweiter, wie so oft mit ausgebreiteten armen auf Deianira zuschwebt, entweder um sie fester in des kentauren arme zu treiben, oder um sie zu schmücken, indem, wie öfter ein kranz oder dgl. fehlt*); jedenfalls ist es ganz verkehrt hier mit Stephani an ein segnen und an einen unterschied der Eroten wie bei Eur. Iph. Aul. 546 zu denken. — Dem niedergeworfnen kentauren scheint er ein tuch für seine wunden bringen zu wollen (?) Compte r. 1865, 4, 1. Ermunternd steht er neben dem liebespaare Meleager und Atalante Bull. Nap. n. s. 5, 1 (cf. Steph. CR. 1867, 86). Eine ausnahme unter den Vasen ist Tischbein 3, 39, wo Eros kniend neben einer säule einen pfeil abschiesst auf Stheneboia, die sich mit Bellerophon unterhält; auffallend ähnlich, nur wahrscheinlich nicht mythisch ist Petersb. 1181 („verfall.")

Häufiger ist er in mehr symbolisch begrifflicher weise verwendet, so schwebt er herbei auf Hippodamia (Neapel 3227), auf Perseus der das ungetüm bekämpft (ib. 3225), natürlich immer um das psychologische motiv der handlung zu bezeichnen. In demselben sinne fliegt er über oder vor dem wagen des Pelops (Gerh. ges. abh. t. 3; Mon. d. J. 2, 32, 2) und sitzt hinter Medea (Mon d. J. 5, 12); er schwebt zwischen dem etwas zögernd verlegenen paare auf Herakles zu nach der Omphale sich umschauend (Gerh. Apul.

---

*) vgl. Compte r. 1869, 4, 3; Ant. du Bosph. 52; Heydemann gr. Vb. p. 11, und die fälle wo er vor den füssen kauert und sonst z. b. Brit. Mus. C 1. C 20.

Vb. 14). Nach der bekannten version, dass Herakles die Hesperidenäpfel durch liebe errungen, steht (Brit. Mus. C 1) Eros vor dem baume, wie um Herakles zu schmücken. Auch sonst ist Eros genosse der schönen Hesperiden (Hancarville 3, 123; Bull. Nap. n. s. 5, 13). Vielleicht sind ebenfalls als schönheitverleihende dämonen die beiden Eroten zu fassen, die bereit sind, den todten Hektor, der eben herangetragen wird, entstellt zum entsetzen seines vaters, zu schmücken und wieder schön zu machen (Overb. Gall. 20, 4), wenigstens ist die annahme von „todes-Eroten" entschieden abzuweisen.

Besonderes interesse bietet die schöne Kadmos-Vase, wo Eros den fuss der Thebe schmücken will (Welcker A. D. 3, 23, 1); denn die ganze darstellung der tat des Kadmos hat hier manches eigentümliche; die hydria die in der sage eine rolle spielt und sonst immer da ist, fehlt, dagegen sitzt Harmonia, wie schon zu Kadmos gehörig, hinter ihm ihn ermunternd; er selbst ist mit dem hochzeitlichen kranze im gürtel geschmückt und kämpft mit dem schwerte, nicht mit dem stein, wie in der sage und allen sicheren kunstdarstellungen (vgl. die zusammenstellung Arch. z. 1871, 35; Compte r. 1860, 5 ist nicht Kadmos) — kurz alles weist auch hier auf eine selbständige umbildung des überlieferten und zwar in erotischem sinne hin: es gilt die glänzende heldentat des Kadmos zu feiern, der von liebe getrieben, um Harmonia ganz zu erwerben und dann Theben zu gründen, unter Athena's beistand den verderblichen drachen tödtet; und Eros bekränzt Thebe, denn eine liebestat hat sie gegründet. So stellt sich unser bild auch dem gedankeninhalt nach als würdiges gegenstück zu dem grossen Parisurteile heraus.

Zweifelhaft endlich sind Millingen div. 41 (Neapel 2900), wo eine um unglückliche liebe trauernde königin gemeint scheint (Phädra?) und Mon. d. J. 1854, 16 wo der herabfliegende Eros den grund der trauer der frau anzeigt (ob Phädra? cf. Arch. z. 1871, 159).

Wenden wir uns nun zur zweiten gruppe, so wurde das innere wesen des Eros grund zur dauernden verknüpfung mit Dionysos und seinem kreise. — Aphrodite scheint schon früh ein näheres verhältniss zu Dionysos gehabt zu haben, das auch im kult anerkannt ward.*) Nirgends wird aber berichtet, dass auch Eros mit Dionysos irgend welche religiöse verbindung gehabt habe, was auch durchaus unwahrscheinlich wäre; vielmehr ist diese verknüpfung der poesie und vor allem der kunst zu danken; denn die literarischen zeugnisse sind verhältnissmässig selten und Anakreon fr. 2 steht vereinzelt da, Eur. Bakch. 412 erscheint Pothos den mänaden freundlich, aber erst die spätere zeit erwähnt das verhältniss öfter (z. B. Anth. Gr. 1, 18, 57; 2, 26, 73; 3, 104, 23; Nonnos nennt 43, 421 und 48, 178 Eros dem Dionysos γνωτός; 5, 43, 437 und 47, 424 gar κασίγνητος). Daraus darf aber nicht auf die kunst geschlossen werden, wird uns doch z. b. die verbindung des greifs mit Apollo erst durch die spätesten römischen autoren bezeugt, während sie der kunst schon im 5. jahrh. geläufig war (s. Stephani CR. 1864, 90). Und in der tat ist uns bezeugt, dass schon Mys in den 90er ol. Amoren und Silene im Dionysostempel zu Rhodos cisellirt, und wahrscheinlich in dieselbe zeit fällt Thymilos' gruppe des Eros und Dionysos. Während die poesie sich meist begnügen konnte den zu grunde liegenden gedanken, den engen zusammenhang von wein und liebe in begrifflicher fassung vorzutragen (wofür viele stellen bekannt) musste die kunst den persönlichen ausdruck dafür suchen, dass dies aber nicht vor ende des 5. jhh. geschah zeigen unsre Vasenbilder, die sämmtlich dem ganz freien malerischen stil angehören, wie denn auch die oben erwähnten kunstwerke eben dieser zeit angehören. Damit stimmt aber der entwicklungsgang der kunst überein; denn erst in einer zeit, wo man allgemeinere gedanken auch ohne

---

*) gemeinsamer tempel in Bura Paus. 7, 25, 5; sonstige stellen sammeln Stephani CR. 1861, 56 und Jahn Vas. mit goldschm. a. 106, wozu man aus älterer zeit noch füge Solon fr. 26.

die festen vorarbeiten der tradition in die kunst einzuführen wagte, erst als man das psychologische wesen der götter vertiefte und auch in der kunst vor allem nach ausdruck der bewegenden leidenschaften, suchte und dabei dem kreise des Dionysos besondere sorgfalt zuwandte, erst da konnte Eros zum ständigen genossen des Dionysos werden.

Voran ist zu nennen Compte r. 1863, 1, 3, wo die spinnende Aphrodite mit einem Eros dem Dionysos gegenüber sitzt, der einem zweiten Eros zusieht wie er eine gans hascht; man wird erinnert an Nonnos 31, 266 wo Dionysos in mitte des Olymps sitzt, Aphrodite und Eros daneben. Sonst ist es immer Eros allein, der als treuer **begleiter und diener** des Dionysos in folgenden bildern erscheint: er giesst ihm den kantharus voll (Tischbein 3, 46); Millin v. p. 2, 16 nahen sich feierlich Eros und ein Satyr als die zwei hauptelemente und diener des gottes, mit opfergaben; er eilt seinem wagen voran*), er schwebt auf ihn zu in festlichem aufzug**); er unterhält sich mit ihm auf seiner kline, lehnt sich traulich an sein knie oder steht ihm ruhig gegenüber***). Besonders gesellt er sich zu seinem freunde, wenn er sich musik machen lässt (Hancarv. 3, 62; Arch. z. 1855, 84); auf der berühmten theatervase Mon. d. J. 3, 31 reicht *IMEPOΣ*, auf Dionysos kline ruhend, der Muse des theaters eine tänie, d. h. die erotische ekstase ist grundlage der dramatischen poesie, es genügt unserm bilde die dionysische inspiration des dramas im alten glauben nicht mehr und die des Himeros wird zu hülfe genommen.

Ueberhaupt aber fehlt Eros nicht leicht, wenn Dionysos

---

*) Tischbein 3, 21, wo Steph. CR. 1861, 60 mit recht Dionysos statt des hermaphroditen vermutet.
**) Berlin 1015, ähnlich Mus. Borb. 8. 27 wo jedoch Pan.
***) Passeri 219; Millin v. p. 1, 42; Jahn Vasenb. 1; Compte r. 1869, 4, 11; Millin v. p. 1, 69; Brit. mus. 1344; Campana ser. 4, 242; Neapel 824 Eros mit bogen, auf dem revers Dionysos.

feierlich ruhig in mitte seines hofstaats lagert: Millin v. p. 1, 67; Milligen div. 24; Gerhard Apul. Vb. 3; Inghirami gall. Om. 2, 175; Petersb. 2017; Berlin 1093; Heydemann gr. Vb. p. 3 aus Athen: Eros Dionysos und Ariadne sitzen von satyrn bedient; auch cab. Pourtalès 17 ist Eros genosse des Dionysos und hascht nach einem schwan (über dessen verbindung mit Eros Stephani CR. 1863, 74; 1864, 203). Ann. d. J. 1866, CD steht zu jeder seite des Dionysos ein kleiner Eros, einer mit lyra, wie ja besonders die höhere musische seite ein band zwischen Eros und Dionysos bildet. Schon erwähnt ward Bull. d. J. 1836, 122, Jatta 1508, wo Eros und Pothos zu den vertreterinnen bakchischer lust, Himeros zu Dionysos sich gesellt, wie Gerhard Ant. B. 17, wo er Dionysos bekränzt, der von den Horen früchte erhält*); Eros selbst pflückt früchte für Dionysos Ant. du Bosph. 63, 2. Aber schon in frühster jugend ist er sein freund, so wenigstens fasse ich Ann. d. J. 1865, E (verfall) wo er dem kleinen Dionysos, der von einer nymphe gesäugt wird, einen vogel zum spiele herbeibringt, während r. der überbringer des kindes Hermes steht (cf. Inghir. v. f. 194).

Aber auch ohne dass Dionysos selbst gegenwärtig wäre beteiligt sich Eros am bakchischen kreise, indem er ruhig unter den thiasoten weilt**) oder gar selbst als mittelpunkt die stelle des Dionysos vertritt***); er naht sich einer mänade zum spiel mit einer ente (Moses vas. Englef. 38, verwandt Petersburg 1081), tanzend sind sich Eros und mänade gegenübergestellt Gerh. Apul. Vb, B. 6 und 7. Auch mit Silenen und Satyrn spielt Eros; oft reiten Dionysos als kind und satyrknaben auf den schultern andrer, wenn auch nicht auf Vasen (cf. Steph. CR. 1861, 24), ein solcher bakchischer mutwille ist es denn auch, wenn (Millin v. p. 1, 20) zwei

---

*) cf. Nonnus 19, 259 Eros den Dionysos bei einem feste bekränzend.

**) Laborde 1, 5; Millin v. p. 1, 28; Berlin 1008; Brit. Mus. 1319; 3 Eroten Ann. d. J. 1864, H wo unten Dion.

***) Bull. Nap. n. s. 3, 3; Petersb. 426 hals B.

Eroten mit bogen und fackel auf Silenopappen reiten oder wenn er auf Silens schultern flötend einen zug anführt (Dubois-Mais. intr. 40; Neapel 2579)*). Anmutig ist Neapel 8. A. 223, wo er wieder das musikalische treiben des Satyrs begünstigt. Seine eigentlichste tätigkeit entfaltet Eros aber erst als aufreger und aufstürmer bakchischer lust; hier wird klar, dass es das gemeinsame ekstatisch begeisterte wesen ist, das Eros und Dionysos so nahe verband; hier dient Eros als psychologisches motiv der wütenden begeisterung, des verlangens ohne ziel und grenze, treffend ist ihm daher einigemale πόϑος beigeschrieben. Die bestätigung dieser auffassung bietet der umstand, dass Eros nur die edlere ekstase der mänaden und des Dionysos lenkt, nicht etwa das gemeine sinnliche verlangen der satyrn,**) wie denn überhaupt Eros auch in der spätern zeit nie mit diesen halbtierischen elementen des bakchischen kreises etwas zu tun hat; denn wenn er, wie später so häufig, mit kentauren verbunden wird, so ist dies eben die bezwingung dieser rohen naturwesen. Doch betrachten wir unsere Vasen: Eros regt noch ruhige mänaden auf***), er flötet zum wilden tanze†), er schlägt das tympanon im thiasos (Jahn Vasenb. 2 Pothos; Brit. Mus. C 12); besonders lebendig und schön ist eine mehrfach erhaltne composition, wo Eros tympanon schlagend der rasenden mänade voranstürmt (Tischbein 3, 24 n. 25; Moses vas. Englef. 26; Elite 4, 61); ja er richtet die gestürzte wieder auf und inspirirt sie von neuem (Bull. Nap. n. s. 4, 3), er eilt dem thiasos voran (Petersb. 2076). Vorzüglich

---

*) Ein Eros ringt mit einem satyr um einen kranz Passeri 155 (?)
**) Nur ganz selten beschützt oder facht er die lust der satyrn zu den nymphen an, so Millin v. p. 1, 52; Neapel 961 u. 963 verfall; Ant. du Bosph 56, 1 ist die bedeutung zweifelhaft.
***) Millin v. p. 2, 48; Laborde 1, 80; Petersb. 2019, 2167; Neapel 8. A. 308.
†) Tischbein 2, 44 inschrift Pothos; Mus. Blacas 22, 1; Neapel 918; Brit. Mus. C 2.

ist der revers der berühmten Vase Mon. d. J. 3, 31: Dionysos mit der leier eilt Ariadne umarmend dahin, hinter beiden schwebt Eros epheubekränzt die cymbeln schlagend; aber noch weiter geht Compte r. 1869, 4, 9: in stürmender eile rast Eros voran und fasst Dionysos der ihm keuchend kaum mehr nachkömmt unter der achsel, ihn fort in den strudel reissend *).

Wie verwandt die meergeschöpfe dem bakchischen kreise sind, ist bekannt; gern hebt man daher das sehnsüchtig erotische wesen besonders der Nereiden dadurch hervor dass Eros sie leitet; diese vorstellung finden wir schon auf einigen spätern Vasen (Compte r. 1863 titelvig., Overb. Gall. 18, 8; Ant. du Bosph. 61, 4?). Nur uneigentlich gehört hieher Bull. Nap. n. s. 2, 2, 1, wo einer gewöhnlichen frauenscene Nereidennamen beigeschrieben sind, $EPO\Sigma$ fliegt mit kranz auf eine zu, als allgemeiner beschützer der frauenschönheit.

Oefter geleitet auf unteritalischen bildern eine vom Eros kaum unterschiedene figur die **lichtgötter** (Ann. d. J. 1864, ST; Neapel 2576; Gerhard ak. abh. 6, 1; 7, 1 mit strahlenkranz); ob hier noch an Eros zu denken ist, der, etwa als schönster der götter, das strahlende tageslicht leitet, oder ob es eine eigentliche personification des Phosphoros ist, bleibt ungewiss; vielleicht ist das wahre in einer vom künstler selbst nicht klar gedachten mitte. — Charakterisirt sind Phosphoros und Hesperos nur Inghirami v. f. 52.

Ueberall in den besprochenen monumenten ist Eros in die verschiedensten sagen und mit mythologischen wesen

---

*) Zweifelhaft doch wahrscheinlich bakchisch ist Compte r. 1866, 5, 4, wo zwei Eroten einen aufgeregten stier, auf dem ein mädchen, leiten und treiben. Ueber Mon. d. J. 4, 43 vgl. Steph. CR. 1865, 59 wonach Eros auch aufgeregt bakchisch, doch s. Helbig unters. p. 175. Eros schlägt auch bei gelagen der sterblichen das tympanon in demselben sinne als aufreger (Hancarville 4, 52; Millin 2, 58).

verknüpft; auf seine eigne göttliche person bezieht sich
nichts*); eigne mythen hat er nicht, da Eros und Psyche der
Vasenmalerei noch fremd sind. Diesen mangel an handlungen, die sich auf das wesen und leben des Eros selbst bezögen, suchten einige späte maler durch eigne erfindung zu
ersetzen: Neapel 3218 B oben findet sich eine feierliche aussendung des gottes Eros: er steht auf dem viergespann,
Zeus reicht ihm die schale zum abschied in aller form,
Hermes führt den wagen und Pan eilt voran. Auch ib.
3252 (rel. am halse) führt Eros von Hermes geleitet übers
meer. Passeri 287 fliegt Nike dem viergespann voran, während sich hinter Eros schon die wirkung zeigt: ein mann verfolgt und umfasst eine frau. Den triumphzug der Eroten
durch die welt stellt ferner Neapel 3377 dar, cf. ib. 2022,
R. C. 94. Alle diese bilder gehören der spätern unteritalischen periode an, die ja auch sonst sich die feier des Eros
besonders angelegen sein liess.

2. Eros in darstellungen des gewöhnlichen lebens.

Sehr gross ist die masse des hieher gehörigen, aber
während wir in der vorigen periode in die verhältnisse der
jünglinge und männer eingeführt wurden, so treffen wir hier
lediglich die beziehungen zu den frauen, namentlich wird die
schönheit letzterer unzählige male gefeiert. Um dies zu begreifen muss man sich erinnern wie sehr seit dem 4. jhh.
macht und ansehen der weiblichen schönheit wuchs; schon
von Chäremon (Nauck p. 610) ist uns eine reizende schilderung des nackten weiblichen körpers erhalten, und die mittlere und neuere komödie hat zu einem hauptgegenstande
die liebe und das leben mit den hetaeren, deren bedeutung

---
*) vielleicht wird Eros als gott von frauen verehrt Jutta 584 u.
Petersb. 660?

im gesellschaftlichen leben in stetem zunehmen war (cf. Becker Charikles II², 50). So dürfen wir uns nicht wundern dass auch die Vasenmaler diese stoffe eifrig ergriffen; aber nicht realistische scenen der wirklichkeit finden wir, sondern indem diese werke meist aus einer idee geschaffen sind, wird ein göttliches wesen wie Eros so oft eingeflochten, um die allgemeinen elemente der situation hervorzuheben und nirgends tritt das begriffliche wesen des Eros dieser periode mehr hervor als hier.

Da für eine anordnung keine äussere anhaltspunkte gegeben sind, so muss man nach inneren gesichtspunkten suchen. Es lassen sich so zwei hauptgruppen trennen, je nachdem Eros, objektiv gefasst, liebe oder schönheit verleiht, oder (subjektiv) selbst nur ausdruck dieser zustände der liebe oder schönheit ist.

a) *Objectiv-persönlich.*

Zunächst verleiht Eros l i e b e, er fordert dazu auf und ermuntert die liebenden: auf der schönen lekane Compte r. 1860, 1 ist auch eine gruppe liebender, ein Eros sucht den jüngling dadurch festzuhalten dass er sich an seinen stock hängt (von Stephani unrichtig aufgefasst). Beim symposion das durch hetären verschönert wird oder sonst im hetärenverkehr ermuntert er oft die paare.*) In der massvoll schönen composition Tischbein 4, 1 bildet Eros den mittelpunkt, er scheint den liebesantrag zu begünstigen und zugleich genosse und beschützer des frauenlebens zu sein (hält er die schuhe der frau?) Tätiger erweist er sich indem er schwebend das mädchen, das der jüngling umfangen will, an der hand zum gemache leitet (Panofka bild. ant. leb. 11, 1); nicht minder

---

*) Dubois-Mais. intr 19, 1; 45; Millin v. p. 1, 38; Laborde 1, 28; Mon. d. J. 4, 24.

lebendig ist Millingen div. 26: ein Eros feuert das auf der kline sich umarmende paar noch mehr an, ein andrer bringt fliegend das waschbecken herbei, l. oben vielleicht Aphrodite, die selbst mit zwei Eroten ein liebesgespräch lenkt: Jahn Vas. mit gold. 1, 2. Die leidenschaft entzündet und ermuntert Eros ferner Neapel S. A. 699; 2924; Ant. du Bosph. 62, 2; er leitet das liebesgespräch Elite 4, 16, Petersb. 766, 775; zwei Eroten sind schützende wächter des paares Elite 4, 66, während eine verhüllte frau aus dem fenster sieht (ähnlich Neapel S. A. 369; Mus. Blacas 32 A). Die krone dieser reihe bildet das attische bild Arch. z. 1873, 4, wo der allgemeine gedanke, dass auch der jüngling der frauenliebe unterliegt, lebendig zum ausdruck gelangt: Eros als überredender helfer der mädchen hat sich auf den schenkel des jünglings gestellt (cf. Petersb. 820, 1187) und weist ihn, der noch verwirrt (stirnfalten) ins leere blickt, auf das nahende mädchen. Ganz verwandt ist ein andres attisches bild (Bull. d. J. 1874, 86), nur dass hier das mädchen sitzt und der jüngling herantritt, dem Eros überredend die hand auf die schulter legt und ihn auf die schöne weist, ein motiv, das wir schon auf zwei Paris-Vasen fanden (C. R. 1863, 1, 1; Arch. z. 1867, 224, also nicht allein auf dem Neapler relief). Weniger klar ist das feine attische bild Fröhner choix 7, 1 (= mus. de France 13, 3); begegnungen von epheben mit den mädchen am grabe sind bekanntlich auf attischen lekythen sehr häufig; hier geschieht es am altar und götterbild (der Aphrodite?), wo das mädchen betrübt (im liebesschmerz?) sitzt, von Eros getröstet der zu gunsten des herbeigekommenen epheben spricht. Fröhner folgt auch hier der französischen wissenschaft und sieht Aphrodite und Adonis; eine widerlegung dieser noch immer für viele (unten nach andern gesichtspunkten zu erwähnende) bilder beliebten deutung glaube ich mir ersparen zu dürfen; sie kann sich nicht nur nirgends auf irgend ein charakteristisches moment stützen, sondern es widersprechen ihr meist (wie hier) die motive direkt; mit einer methode aber die alles aus allem machen kann ist nicht weiter zu rechten. Nur eine innere unwahrscheinlichkeit jener deutung sei noch hervorgehoben: ich finde nirgends unter den Vasen unsrer periode liebesscenen der götter von solch allgemeinem genrehaftem charakter bar jedes individuellen elementes, dagegen ist die neigung gerade der attischen produkte dieser zeit (z. b. der grablekythen) bekannt, möglichst allgemeine scenen aus dem leben zu wählen.

Aber nicht nur der begriff liebe sondern auch der schönheit liegt im wesen des Eros: nur da ist liebe wo schönheit; dass Eros Aphrodite zu bedienen und zu schmücken hat, fanden wir schon in der ersten periode; aber erst in der zeit des ganz freien stils erscheint er als liebreizverleiher auch gegen schöne frauen, entsprechend der oben berührten tatsache der wachsenden anerkennung weiblicher schönheit. (Vgl. übrigens Eurip. fr. 132, 324, Hipp. 526; Arist. Lys. 515 sind Aphrodite und Eros schönheitsverleiher, die beide über einer badescene sitzen Elite 4, 15).

Betrachten wir zuerst die fälle, wo eine einzelne individuell gedachte toilettescene durch Eros belebt wird; vor allem wenn nackte frauen baden, wo dann Eros bald schmuck herbeibringt und aus der badewanne aufsteigt schönheit verleihend *), oder als eigentlicher diener das gewand hält, wasser eingiesst, und beim anzuge hilft**). Bei zwei nackten mädchen von denen eines die στλιγγις hält (cf. CR. 1865, 191) lässt Eros das rädchen schnurren auf einem feinen frg. Compte r. 1862, 1, 1. Eine besonderheit bietet Mus. Blacas 32 (verfall) wo E. ebenfalls über dem becken schwebt, aber ein stier mit menschengesicht so in das becken sieht als wolle er hineinspeien; gewiss ist es der wasserdämon selbst der hier noch eine nymphe trägt; diese bildung

---
*) München 827 fein mit gold, Hancarv. 3, 123; 2, 25; Passeri 39.
**) Tischbein 1, 59 wo zwei ausserhalb zuschauende satyrn die begehrliche stimmung bezeichnen, welche die nackte schönheit hervorruft; Elite 4, 19; Tischbein 2, 36 und 3; Neapel 2581; Ant. du Bosph. 57; Arch. z. 1872 p. 69; Petersb. 1245.

der wasserdämonen war ja in Unteritalien populär (vergl. übrigens Jahn Arch. z. 1862, 326 A. 46; Steph. CR, 1863, 118). — Auch sonst ist Eros der schönheit gebende diener der frauen, er wäscht und schmückt die füsse der schönen (Tischbein 1, 2: Stackelb. 31; Jatta 1559), er legt ihr die sandalen an Compte r. 1860, 1, wo ein andrer die armringe entgegenhält, ein dritter wollte eine hydria herbeibringen, wird aber von einem hunde geschreckt; mehr äusserlich angereiht sind die drei Eroten Compte r. 1861, 1. Ferner hält Eros dem mädchen den spiegel oder das toilettekästchen, reicht ihm den kopfschmuck, hilft den chiton anziehen oder bringt ihn herbei (Jatta 500, 1527; Rossi vasi Blacas 1; Brit. Mus. C 5 wo wieder ein staunender satyr beigefügt; Campana ser. 11, 35; ohne bestimmte handlung Jatta 1347, 1445.) — Aber auch auf den jüngling der der hetüre wartet giesst Eros schönheit aus seinem alabastron (Elite 2, 49; auf das paar Elite 4, 63).

Noch anziehender ist eine reihe von bildern, die, idealer gefasst, den allgemeinen gedanken einer feier der frauenschönheit verwirklichen. So fasse ich Minervini mon. di Barone 15 (fein) als feier des frauenlebens, das von Aphrodite und Eros beglückt wird; denn die stattliche frau 1. ist Aphrodite, die dem von 1. herbeischwebenden Eros gebietet auf die sitzende frau zu schweben, die auch erwartend die hände hebt; aber auch das stehende mädchen in der mitte wird von einem Eros beglückt.[*] Vor allem gehört aber hieher eine echt attische composition, die uns in mehreren exemplaren aus Attika, dem südlichen Russland und der Kyrenaika erhalten ist: überall sitzt eine frau in der mitte von Eroten umschwebt oder geschmückt, dienerinen mit

---

[*] Diesem gedankenkreise gehört gewiss auch das durch seine streng symmetrische entsprechung auffallende bild Gerh. Mystb. 9 an, wo die Eroten mehr die gefeierte im kreise zu umtanzen als zu enteilen scheinen. Deutlicher ib. 8 wo sie auf sie zufliegen.

toilettegerät und beischwebende Niken bilden die wechselnde umgebung. Die gewöhnliche erklärung sieht hier Aphrodite *) ohne begründung, vielmehr dem allgemeinen charakter der darstellung widersprechend. Aus Attika stammt das bei Heydemann gr. Vb. p. 11 beschr. bild: Eros kauert auf der hand der frau, dienerinen und Niken; Ant. du Bosph. 49 kauert noch ein Eros auf der hand einer der dienerinen; ib. 52; Elite 4, 33 nur eine Nike; Petersb. 1813 ohne dienerinen, aber zwei Niken, die hier überall andeutung der siegreichen macht weiblicher schönheit sind (cf. Elite 4, 9; Steph. ClR. 1863, 68, 155; 1865, 37). Ohne Nike und nur ein Eros Ann. d. J. 1840, A, 11; Brit. Mus. C. 58. Ferner die frg. feinsten stils Compte r. 1862, I, 6 und 7; 1, 3; 1, 4 etwas modificirt (die frau spiegelt nicht schminkt sich). Hieher gehört auch Stackelberg 30 (Athen) wo ein Eros wie gewöhnlich die frau mit perlen schmückt, der andre ihr korbflechten hilft (so viel die zerstörung erkennen lässt). Wer endlich überall nach mythologischen namen sucht, dem mag Brit. mus. C 4 gelegen kommen: die composition ist im wesentlichen dieselbe, nur ist der frau *EAENH*, dem Eros *ΠΟΘΟΣ* beigeschrieben; ganz unberechtigt wäre der schluss, dass nun auch die übrigen bilder die schöne Helena darstellten; denn alles bestimmt charakterisirende fehlt, vielmehr ist klar, dass wir es mit einem allgemeinen typus zu tun haben, bestimmt die schönheit des weibes ganz allgemein zu feiern mit hülfe von Eros und Nike; sehr leicht konnte nun aber ein Vasenmaler, um dem typus ein individuelles interesse zu geben, den namen der gefeiertsten griechischen schönheit, der Helena, beischreiben. — Ein vollkommenes analogon zu der idealen auffassung des wirklichen lebens in diesen bildern sind die attischen grabreliefs des 4. und 3. jhh., die rätsel bleiben, wenn man individuell realistische scenen des lebens darin sucht, die aber dennoch

---

*) Auch Helbig unters. p. 237, der einige wandbilder damit vergleicht, deren verwandtschaft jedoch sehr flüchtig und allgemein ist und auf die wesentlichen punkte sich nicht erstreckt.

nicht durch tode symbolik sondern lebendgen ausdruck und handlung den allgemein bedeutenden gedanken verwirklichen.

Als neutral endlich bezeichne ich bilder, wo Eros weder decidirt liebe noch schönheit erteilt; so in der schönen darstellung Hancarv. 1, 32, wo die braut beschenkt wird und Aphrodite und Peitho, auf deren hand Eros steht (cf. Elite 3, 29), sowie Apoll und Chariten als hochzeitsgötter anwesend sind; ähnlich Elite 4, 32 wo Eros der braut kranz und kästchen reicht. Besonders gehören hieher die zahlreichen bilder die einen, kranz oder binde bringenden, Eros als beliebtes symbol benützen um anzuzeigen, dass die so geehrte person schön ist oder liebt: so kränzt er bei liebesunterhaltungen die frau *) oder den jüngling **). Durch inschrift ist Mon. d. J. 4, 47 ausgezeichnet: $EP\Omega\Sigma$ sitzt über einer frau, einen kranz über sie haltend, geblendet unschlüssig steht ein mann vor ihr, deren schönheit Eros andeutet. Auch die schöne flötenspielerin im komos bekränzt er (Hancarv. 1, 40). Endlich schwebt er blos auf das liebespaar zu***) oder sitzt darüber.†) Die wenig charakteristische nur andeutende art dieser bilder lässt auch zu, ihn als blossen stimmungsausdruck zu fassen. Als allgemeiner beschützer der frauenschönheit erscheint Eros noch Elite 4, 34; Moses vas. Engl. 10; vielleicht Hancarv. 1, 71. Millingen div. 60 noch strengeren stils ist nicht ganz klar (cf. Jahn Ann. d. J. 1841, 284), ein kleiner Eros kauert auf der hand eines mädchens (wie öfter, z. b.

---

*) Mon. d. J. 4, 23; Elite 4, 69, 73; Millingen div. 45; Mon- d. J. 3, 47; Rochette mon. in 49 A, 2; Jatta 1517; Petersb. 1236.

**) Elite 4, 74; Neapel S. A. 321, 651; Jatta 694; Petersb. 875; von ruhigem charakter ist die scene Elite 2, 23 A., Berlin 880, wo die musische beziehung des Eros vorwiegt.

***) Elite 4, 64; Gerh. Mystb. 6; Neapel S. A. 599; Ann. d. J. 1843, A.

†) Arch. z. 1871, 56, 1 wo das paar alla morra spielt; Gerh. Myst. b. 11, 1 wo es ball spielt; Hancarv. 1, 74; Ann. d. J. 1870, 8; Elite 4, 75; Neapel 2867; Berlin 888, 1037.

Petersb. 1187 B, vor ihr ein jüngling mit liebesgeschenk), das ganze sieht einem feierlichen zuge gleich (vgl. Elite 4, 38; Hanc. 4, 96; München 358), vielleicht um eine neuvermählte zu beschenken. — Ganz singulär scheint Elite 4, 44 zu sein; vielleicht darf man den gedanken darin suchen liebe und schönheit sind nicht mit roher gewalt zu erlangen? (cf. Plat. symp. 195 E). — Dem verfallstile gehört an Jatta 1417, wo Eros einen pfeil abschiesst auf ein auf die kniee gefallnes mädchen, das ähnliche bild Petersb. 1181 ward schon erwähnt.

Endlich sei noch eine reihe von bildern erwähnt, die, weil man sie nicht im zusammenhang betrachtete, bisher zu den verschiedensten falschen auslegungen anlass gaben; es sind dies die mit Eroten verbundnen weiblichen köpfe. Schon seit alter zeit geschah es nicht selten, dass man eine darstellung dadurch abzukürzen suchte, dass man die hauptpersonen in büstenform gab (vgl. z. b. Mus. Greg. II, 66, 3 b; Laborde II, 23; Campana ser. 4, 104; ser. 9, G, 394; Mon d. J. 4, 46, 1; Gerh. ak. abh. 68, 3; Lenormant coll. Raifé 1408; und die häufigen barbarenköpfe mit greif- und rosskopf Heydemann gr. Vb. 7, 2, Petersb. 2191 ff.). So ist es nur als eine abkürzung zu fassen, wenn der Vasenmaler, der so unzählige male die frauenschönheit zu feiern suchte, nun einmal blos einen frauenkopf giebt und Eros als andeutung der schönheit und liebenswürdigkeit hinzufügt; die frauenköpfe sind nirgends bestimmt charakterisirt, so dass wir überall, wie auch bei den unzähligen einzelnen frauenköpfen unteritalischer gefässe nur eine sterbliche erkennen dürfen. Die Eroten (bald mehrere bald nur einer) bringen bald einen kranz oder eine tänie, bald schweben sie nur so auf den kopf zu oder sie sitzen zu beiden seiten oder umtanzen gar den kopf; einigemale ist noch eine frau in ganzer gestalt hinzugefügt, es ist die dienerin (vgl. die satyrn neben Dionysos büste).

Folgende fälle gehören hieher :
Gerhard Apul. Vb. B, 10; Bull. Nap. n. s. 6, 10;

Elite 4, 1 und 2; Gerh. Mystb. 3; Neapel 3418*); Arch. z. 1850, 16, 4; Brit. mus. C 25; C 41; Petersb. 2009; Fröhner choix de vas. gr. p. 28 J, M, R; Neapel 2876, 2925, 3418, 2863, 3221 A und B; 3218, 2882, S. A. 483, 287; 697 umtanzen sie den kopf in phrygischer kleidung. Asiatische schönheit wird gefeiert, wenn ein jünglingskopf mit barbarenmütze von Eroten umgeben ist wie Neap. 3218 B.**) Etwas ganz andres ist es mit Fröhner choix t. 6 und Mon. d. J. 4, 39 (wovon München 558 eine replik); noch Stark (Heidelb. jahrb. 1871, 15) scheidet gar nicht, indem er überall wo Eroten und ein kopf vorhanden sind, eine aufsteigende Aphrodite sehen will, eine deutung deren unmöglichkeit aus der obigen zusammenstellung hervorgeht. Hier liegt zunächst ein wesentlicher unterschied darin, dass Eros oder die Eroten weg und entfliegen; ferner kommen auf dem einen bilde die satyrn hinzu, auf dem andern ist der kopf durch ein blumenscepter als höheres wesen charakterisirt; Strube (studien p. 70 ff.) hat hier Gaea richtig erkannt, wie er auch das motiv im ganzen richtig fasst, seine deutung jedoch ist durchaus nicht haltbar; meine eigenen vermutungen hierüber auseinanderzusetzen würde zu weit führen, auch ist es besser, wenn man solchen problemen gegenüber ruhig wartet, bis spätre entdeckungen vielleicht das gewünschte sichere licht verbreiten.

---

*) Ganz dieselbe composition wie auf diesen Vasen ist zur decoration verwandt auf 2 terracottamedaillons bei Millingen un. mon. 2, 19 und 20 und einem stirnziegel (Campana op. in pl. 11) und wahrscheinlich auf dem capitell Mus. Borb. 15, 40.

**) Häufig ist es dass Eros und der Frauenkopf auf beide seiten der Vase vertheilt sind, z. b. Gerhard Apul. Vb. 3; Petersb. 1132, 1159, 1359; Berlin 1060, 1158, 1164, 1184; Neapel 2320, 3233, 2888 A; S. A. 360, 491 hat der frauenkopf rückenflügel, wie auch Berlin 1070, 1253, 1994; Bull. d. J. 1868, 187; Biardot terresc. 40; Lenorm. coll. Raifé 1405: es sind eben Niken, in ihrer beziehung zu den frauen.

b) Subjectiv-psychologisch.

Ohne eine streng logische unterscheidung durchführen zu wollen, was bei unsern monumenten überhaupt unzulässig wäre, fasse ich die fälle zusammen, wo Eros mehr zuständlich als stimmungsausdruck gefasst wird. Auch hier scheiden sich zwei gruppen, je nachdem Eros als liebesprincip in jedweder handlung erscheint, oder vermöge der charakterähnlichkeit eine dauernde verbindung mit gewissen personen eingegangen hat.

Eros steht hinter einem jüngling, der einer hetäre eine tänie anbietet, ebenfalls die tänie haltend (Dubois-Mais. intr. 42, 2; ähnlich Neapel 3248, Berlin 1056), er hält die oinochoe beim abschiedstrunke der liebenden (Elite 4, 95 noch von Helbig unters. p. 236 ohne grund als Ares und Aphrodite gefasst); besonders aber zeigt sein herbeischweben die liebesstimmung an: so eilt er mit einem kranze auf Sappho zu, durch die inschrift als *ΤΑΛΑΣ* bezeichnet, war es doch vor allem unglückliche liebe die ihr dichtergemüt erfüllte (abh. der sächs. ges. 8, 1, 1; ähnlich sind zu fassen Brit. Mus. 1255; Berlin 877). Fein ist Cab. Pourtalès 33, 1: das mädchen denkt des geliebten, ist zerstreut und wird aufgemuntert bei der arbeit. Verliebte mädchen scheinen auch Gerh. Mystb. 10 dargestellt, die eine spielt harfe, die andre lässt das liebesrädchen schnurren, oben aber sitzen Aphrodite und Eros. Erotische stimmung herrscht auch beim kottabosspiel (cf. Philol. 26, 216), drum schmückt oder richtet Eros den ständer her (Inghir. v. f. 177; Neapel S. A. 322; 2308; Bull. d. J. 1869, 30, 10 allein). Als ausdruck der stimmung des liebhabers (der trauernde jüngling des rev.) schmückt Eros die grabstele auf der des mädchens kopf und fuss und dabei καλ[η gezeichnet ist (München 294; vielleicht ist ähnlich zu fassen Elite 2, 97 A).

Am reichsten an anmutig phantasievollen erfindungen sind aber auch hier die feinen kleinen meist attischen gefässe: verliebte mädchen bringen den liebesmächten gern ein opfer,' ihre stimmung zeigt Eros an, der herbeischwebt oder hilft (Stackelberg 35, 4; Heydemann gr. Vb. p. 2 n°· 3 Eros trägt die fruchtschüssel herbei; Neapel 2050; Campana ser. 9 G, 172 legt Er. selbst den weihrauch ins thymiaterion; Brit. Mus. C 40), auch dem liebespaare ist er so behülflich (Compte r. 1865, 102 vig. wo Eros wieder den fruchtteller zu der herme trägt.)*) Dass gänse nicht nur die lieblingsvögel der frauen waren, sondern auch besonders als liebesgeschenke verwendung fanden ist bekannt; desshalb überbringt sie Eros den frauen: so fasse ich Revue archéol. 1864, 1, wo Eros die gans herbeigebracht hat **), freudig empfängt die frau das geschenk (Fröhner mus. de France 13, 4, weder Aphrodite noch Leda), und schon hat sie das tier auf den schoos genommen (Bull. d. J. 1868, 158 19, nicht Leda, cf. ib. 1869, 252). Dem ersten bilde am nächsten steht Bull. d. J. 1868, 155, 10, nur dass hinter Eros ein jüngling mit kerykeion sitzt; ob ein liebesabenteuer des Hermes oder ein bote vom fernen geliebten? Hieher ferner Mon. d. J. 4, 10; Eroten mit gänsen und frauen auch Brit. Mus. 1634. — Auch eine schale mit aepfeln ist ein willkommenes geschenk für das mädchen aus Eros hand (Heydem. gr. Vb. p. 9).

Nicht minder wird die entsendung des Eros mit liebesgruss und geschenk dargestellt, so Heydem. gr. Vb. p. 2 no. 2 wo sich Eros eiligst mit der frucht von dem mädchen entfernt, mit einem kästchen und liebesbinde Bull. d. J. 1867 234, 28.***) Den schluss bildet es, wenn Eros flötend vor

---

*) Mehr der ältern periode schliesst sich an Petersb. 1481 wo Eros für den jüngling (des reverses) das liebesopfer darbringt.

**) das „ei" neben der frau ist auch kein schild, sondern ein tympanon als spielzeug der Mädchen.

***) Obwol sich Benndorf hätte auf ein epigramm stützen können (Anth. Gr. 4, 190, 343) wo Eros den Chariten im bade die kleider stiehlt, so enthält doch seine deutung, es habe hier Eros dem mädchen die sachen geraubt, einen im kreise dieser

dem brautzuge herschwebt (auf dem herrlichen frg. bei Heydem. gr. Vb. 10, 1) — wie in den meisten obigen bildern ist ihm eine reale handlung zuerteilt, ohne aus den grenzen des begrifflich symbolischen zu gehen, indem er eben ausdruck der liebesstimmnng ist.

Eines der beliebtesten kunstsymbole war es aber, Eros die mädchen **verfolgend** darzustellen, um das eindringen der liebesleidenschaft zu bezeichnen; denn Eros verfolgt nicht für sich selbst, wie die andern zu vollen menschlichen personen gewordenen götter, sondern in dem psychologisch symbolischen sinne unsres Eros auf Vasen. Dass man dem Eros entflieht ist sehr begreiflich, wenn man sich der allgemein verbreiteten anschauung erinnert, dass die liebe auch ein schlimmes übel sei: schon Sappho nannte Eros γλυκυπικρος und Ibykos zittert wenn er herankömmt (fr. 2); vgl. ferner Eurip. fr. 340 καὶ γὰρ οὐκ αὐθαίρετοι βροτοῖς ἔρωτες οὐδ' ἑκουσία νόσος; fr. 132 ist Eros μόχθων δημιουργός, ein τύραννος ἀνδρῶν ib. und Hipp. 538; vgl. noch fr. 867, fr. 26, fr. 889; Bion id. 4, 13 flieht den Eros, doch hilft es nichts und ist unmöglich (Anth. Gr. 2, 80, 3; 4, 118, 2).

Dass Eros nicht für seine person verfolgt, wird klar aus Millin v. p. II, 45 wo ein jüngling den Eros anzutreiben sucht, seiner spröden fliehenden geliebten liebe einzuflössen; ähnlich Berlin 1076. Sonst verfolgt Eros das mädchen, entweder laufend oder schwebend, allein; manchmal wird nach beliebtem schema noch eine enteilende oder auch nachlaufende frau hinzugefügt.*) Doch auch unter mehrere jünglinge,

---

bilder und überhaupt der Vasenmalerei geradezu unmöglichen gedanken; dazu kommt, dass die mädchen auf unsern bildern meist fast nackt sind und nichts auf das bad weist.

*) Tischbein 3, 26, 27; Jnghir. v. f. 281; Passeri 93; Heydem. gr. Vb. p. 2 n° 4 (auch hier ist wieder ein satyr beigefügt); Arch. anz. 1856, 244 (Athen); Petersb. 1627, 1937, 1940, 2006, 2008, 2018, 768; Jatta 1319; Berlin 1182 (auf dem rev. verfolgt der jüngling selbst das mädchen); zu ross (über dessen erotischen charakter Steph. CR. 1864, 28) Compte r. 1867, 48 vig., Ant. du Bosph. 56, 3.

die mädchen verfolgen, ist Eros gemischt, gleichsam als erklärung dass alles liebesverfolgungen sind (Neapel 2416, 2418, 3247). Die zarte jugendliebe endlich soll der Eros *ΙΤΤΛΟΣ* bezeichnen Bull. Nap. 2 p. 14 (cf. Jahn darst. gr. dichter p. 714). Auch hier, wie überall in dieser periode, macht sich Eros nur mit den mädchen zu schaffen. Drei sehr charakteristische scenen aus dem liebeleben zeigt eine attische pyxis (Heydem. gr. Vb. p. 9): erst die spröde flucht vor dem verfolgenden Eros, dann das unbesonnene hereinfallen (einem hineilenden zurückbleibenden mädchen naht von vorn ein Eros) und schliesslich das volle verliebtsein (Eros in freundlichem verkehre mit der frau). Letzteres symbol, das herannahen des Eros mit dem kistchen, ist in demselben sinne angewandt Heydem. gr. Vb. t. 9, 1 bei dem vereinten paare, während der Eros bei der andern spröden frau noch ruhig spielt. Ueberhaupt wird nun das plötzliche überkommen der leidenschaft dadurch ausgedrückt, dass Eros stürmisch an das mädchen herantritt, wodurch wir erinnert werden an Eur. Hipp. 1274: Σέλγει δ' Ἔρως ᾧ μαινομέναν κραδίαν — ἐφορμάσῃ oder ib. 527 wo ἐπιστρατεύειν von Eros gebraucht wird.*) So auf dem schönen bilde Stackelberg 31, wo er heranstürmt als wolle er sie umfangen, nur leise wehrt sie ab; ähnlich Neapel 3354, R. C. 136 B. Fester schon hat sich Eros eingenistet, wenn er auf dem schoose des mädchens sitzt, wie Neapel S. A. 317, 580, auf dem schoose Helenas Overb. Gall. 12, 8.

Den wol vorbereiteten endpunkt dieser reihe bildet es, wenn Eros die frau glühend umarmt, ja küsst.**) Leider

---

*) wie auch bei Xenoph. Eph 1, 2; Eustath. de amor. Jam. 10 p. 462; cf. Lucian dial. deor. 20, 15 Ἔρως ὅλως παρελθὼν ἐς αὐτὴν ἀναγκάσει ἐρᾶν.

**) Elite 4, 42 und 43 (darüber ein knabe nach gänsen haschend, zur raumfüllung); Tischbein 3, 23 (die kleine figur l. ist ein dienendes kind, wie z. b. bei Fröhner mus. de Fr. 40, 2, vgl. die verwandten figuren auf den grabstelen Pervanoglu grabst. p. 28 ff.); beim bade Elite 4, 16.

sind auch diese bilder sehr misverstanden worden, indem man wieder Aphrodite annahm (cf. Steph. CR. 1860, 89; 1863, 64; 1865, 160; Bernoulli Aphr. p. 392) und so ohne alles recht dem geiste der Vasenmalerei in's gesicht schlug. Schon der zusammenhang, in den ich diese bilder gesetzt habe, und unsre bisherigen resultate zeigen, dass auch hier nur eine sterbliche gemeint sein kann, doch verdient die frage diesmal eine nähere beleuchtung. Bei alexandrinischen dichtern freilich kömmt es nun auch vor, dass Aphrodite den sohn umarmt und küsst (Apoll. Rh. 3, 149, ihm nachgeahmt Nonnos 33, 143; 41, 400; Ovid. Met. 5, 363), immer aber in der bestimmten absicht, ihn günstig zu stimmen und zu etwas zu überreden; überall ferner ist es Aphrodite die Eros an sich zieht und umarmt, ganz dem mütterlichen verhältnisse entsprechend; auf unsern Vasen dagegen ist es consequent umgekehrt, Eros wirft sich hier stürmisch an die brust der frau, wofür, wenn es seine mutter wäre, wahrlich gar kein grund einleuchtete. Dagegen gewinnt unsre darstellung erst verständniss und leben, wenn wir eine sterbliche erkennen, die den stürmischen anfällen des Eros wollüstig freudig unterliegt. Dass Eros das mädchen umarmt ist ein rein künstlerisches symbol ganz im sinne der obigen; wir dürfen daher nicht erwarten, aus der poesie zeugnisse dafür holen zu können; doch ist es eine verwandte, nur eben poetische, symbolik wenn Eros bei Theokrit id. 2, 55 wie ein blutegel alles blut aussaugt; dass Eros die menschen gerne küsst geht hervor aus Mosch. id. 1, 26; Longus past. 2, 4 ff. Bestätigt wird unsre deutung, wenn Eros Helena oder Orpheus umarmt, ebenfalls nur um das erfülltsein von liebe zu bezeichnen (Bull. Nap. 5, 6; Neap. S. A. 709).*) — Ich lege deshalb so viel gewicht

---

*) Auch die schöne spiegelkapsel Compte r. 1865, 5, 1 ist auf eine sterbliche zu deuten, nicht ohne lebendige beziehung auf die schöne besitzerin, ebenso die gemme ib. 1860, 4, 7, beide monumente gehören in's vierte jahrhundert.

auf diese erklärung, weil diese bilder erst so gefasst sich in das ganze der Vasenmalerei vortrefflich einreihen und ihrer symbolisch-begrifflichen auffassung des Eros entsprechen; von diesem standpunkt gefasst kann man die deutung als Aphrodite für geradezu unmöglich erklären; eine so significante handlung des Eros ohne jede weitere veranlassung und bedeutung, nur ein menschlich persönliches und noch dazu willkürlich seltsames verhältniss ausdrückend, würde im bereiche der Vasenmalerei als ein rätsel dastehen.

Aus denselben gesichtspunkten muss ich einer andern bisher allgemein angenommenen deutung widersprechen; ich meine Jahn beitr. t. 7, 1, denn dass hier Aphrodite Eroten abwäge, wie viel der oder der mehr koste und sie danach verhandle, liegt weder in den motiven des bildes noch im geiste der Vasenmalerei: es ist vielmehr der wetteifer zweier liebenden dargestellt: ernst sehen sie sich an und wägen ihre gegenseitige liebe ab, welche schwerer, welche stärker sei; es kämpfen Eros und Anteros wetteifernd gegeneinander, denn wenn irgendwo, so bieten sich hier diese namen passend, aber auch nicht notwendig an. Durch die offenbare analogie der psychostasie erhält das ganze etwas humoristisches.

Doch gehen wir zur zweiten gruppe über: ganz wie Eros der ständige begleiter des Dionysos ward wegen des beiden gemeinsamen charakters der ekstase, so verbindet ihn auch die charakterähnlichkeit, die jugendanmut und schönheit dauernd den mädchen; denn Eros ist $\pi\alpha\rho\vartheta\acute{\epsilon}\nu\iota o\varsigma$ (Anakr. fr. 13) und $\nu\epsilon\acute{o}\tau\eta\tau\iota\ \chi\alpha\acute{\iota}\rho\epsilon\iota$ (Longus pastor. 2, 7); wie er im thiasos der geist der wilden bakchischen aufregung ist, so repräsentirt er hier den reiz der liebenswürdigkeit, der am wesen und leben der mädchen haftet und besonders in ihren spielen hervortritt; so schwebt denn Eros über zwei spielenden mädchen Compte r. 1860, 1; zwischen zwei schaukelnden Gerh. Ant. B. 53; ib. 54 stösst er selbst die schaukel. Oefter beteiligt er sich beim beliebten ballspiel: Elite 4, 60 überrascht er sie, wie auch Arch. z. 1853, 57, 2; Laborde I p. 66; Campana ser. 4, 228; Wien IV, 153; V, 289, Durand 585 (Vénus-Libitina und Amour infernal!); Laborde 1, 47 fängt ein kleiner Eros den ball auf, ein grösserer hängt auf dem rücken einer frau im ἐφεδρισμός als sieger (cf. Hermann Gr. Ant. 3, 33, 36); gewiss ist ähnlich als spiel der frauen München 786 zu fassen, denn es ist Eros, wie so oft, weiss gemalt, mit kleiner chlamys auf dem l. arm, und nicht ein „mädchen" (Jahn), der lustig antreibend den frauen vorangeht, die sich, im oben erwähnten sinne, auf dem rücken tragen; der satyr bei ähnlichen scenen hat nichts auffallendes. Auch über zwei alla morra spielenden mädchen schwebt Eros (Ann. d. J. 1866, U fein), die mädchen haben sich auf ihre hydrien niedergelassen; beim wasserholen selbst, wo die anmut der mädchen so lebhaft hervortritt, sind sie ebenfalls von Eroten begleitet (Neapel 2373 „fein"); ja selbst auf häuslich beschäftigte spinnende mädchen fliegt Eros (Bull. d. J. 1871, 158, 5)*). Neben diese charakteristschen haupttätigkeiten der mädchen gesellt sich die musikalische unterhaltung, die Eros wie immer besonders begünstigt: so fliegt er auf das leierspielende sitzende mädchen mit ausgebreiteten armen zu, während das andre flöten hält, auf zwei ganz ähnlichen feinen Vasen (Compte r. 1868, 79 vig. und Bull. d. J. 1865, 54; ähnlich auch Neapel R. C. 134). Ein musisches vergnügen ist auch der waffentanz (Elite 2, 80), weshalb Eros mit der leier unter den mädchen als zuschauer schwebt. Endlich tanzt Eros auch selbst mit den mädchen.**) Ja es lässt ein mädchen

---

*) Er angelt mit zwei mädchen auf einer sehr späten polychromen Vase bei Jahn Vas. mit gold. n° 32.

**) Huncarv. 4, 81 mit krotalen, Neapel 2919 mit tympanon, vielleicht sind daher mänaden zu erkennen.

sogar den Eros auf ihrem fusse tanzen (Tischbein 3, 28). Nicht ganz klar ist mir das oft publicirte bild Elite 4, 85 geworden; am einfachsten wäre es anzunehmen, dass Eros den mädchen eben beim früchte pflücken hilft, wie er ja auch den nymphen des Dionysos bei derselben beschäftigung an die hand geht (Ant. du Bosph. 63, 2). — Ueberall ist hier das mädchenhaft liebenswürdige wesen des Eros das verbindende glied zwischen ihm und den mädchen; drum beteiligt er sich auch keineswegs an den männlichen spielen*); jener Eros der nur mit den epheben spielt, ja in den kampf voran eilt, ist hier vollkommen verklungen. Dagegen könnte man nur anführen Millin v. p. 1, 45 = Welcker A. D. 3, 25, 2, doch hier mag das noch nicht sicher gedeutete spiel eine erotische bedeutung haben, etwa wie der Kottabos; wo nicht, so lässt die ungenauigkeit der zeichnungen in Millin's werk auch die vermutung zu, dass das original nicht zwei Eroten sondern zwei Niken hatte.

c) Unteritalische bilder des verfalls.

Endlich ist noch eine grosse reihe von vasen übrig, die stil und auffassung nach durchaus der periode des verfalls angehören und sämmtlich aus Unteritalien stammen. Vergebens sucht man in ihnen nach klaren motiven einer handlung, dagegen treffen wir eine fülle von attributen mit denen die personen überladen erscheinen und die entweder der toilette oder dem aphrodisisch-dionysischen kreise angehören; es sind namentlich das küstchen, schale, kranz, zweig, tänie, spiegel, fächer, leiterchen, vogel, rädchen, ball, eimer, tympa-

---

*) Somit erweist sich die von Jahn oft wiederholte behauptung (z. b. Ber. d. s. g 1854, 214), Eros könne bei jeder beschäftigung der weiblichen und männlichen jugend teilnehmen als wenigstens für diese periode unrichtig.

non, weintraube, flöte, auch fackel und thyrsos. Von einer handlung kann man eigentlich nie reden, da es nur schemata sind, die beliebig verwendet werden; am häufigsten sind ausser ruhig stehenden oder sitzenden besonders laufende und ein bein höher stellende figuren.

Am nächsten an das schon besprochne schliessen sich bilder an, die sich deutlich als verflachte liebesunterhaltungen kund geben: so wenn Eros einen jüngling in frauengesellschaft kränzt*) oder auf die frau zufliegt**). Noch oberflächlicher wenn Eros blos oben sitzt oder schwebt***).

Das häufigste aber ist dass frauen und jünglinge (je nach dem raum eine grössre oder geringre anzahl) mit einem oder mehreren Eroten gruppirt sind ohne jede handlung, in den gewöhnlichsten stellungen und mit möglichst vielen attributen; sie sitzen oder schreiten, oft in langer reihe indem manchmal Eros voranläuft.†) Seltner findet sich Eros mit einem jünglinge allein zusammen ††). — Das ungleich häufigste aber sind die zahllosen fälle, wo Eros mit einer oder mehreren frauen allein zusammengestellt wird; in höchst

---

*) Dubois-Mais. intr. 41, 2; Tischbein 2, 32., Jnghir. v. f. 174; Elite 4, 74; Passeri 86; Petersb. 770; Neapel 2033, 2568, 2577, 2573, S. A. 533, 539.

**) München 840, Neap. 1909, 1920, 1998, 2357, S. A. 21, 530.

***) z. b. Mus. Blacus 8; Bull. Nap. 2, 4; Neap. 2084, S. A. 328; Petersb. 346.

†) z. b. Rochette mon. in. 45, 3; Ann. d. J. 1840, O; Mon. d. J. 4, 17; Passeri 35, 36, 47, 67, Gerh. Apul. Vb. A, 12; Neapel 3220, 3221, 3224, 3218, auch Labordo I, 13; Hancarv. 3, 47 wo auch wie öfter eine badewanne vorkömmt; Berlin 1006 sind alle um einen grossen krater versammelt; Neapel 3238, 1987, 2145, 2646, 2304, S. A. 341; Passeri 10; es mischen sich satyrn ein Neap. 2372 wo Eros voranläuft, 3236. Variationen ohne bedeutung scheinen Passeri 198; Millin v. p. 2, 40 wo Eros weggeht, cf. Brit. Mus. 1313, 1589.

††) z. b. Labordo 2, 28; Neapel 2233, 1757 A, 2679, 1940, 1818 A.

eintöniger weise sitzt bald Eros bald die frau, oder es läuft eines auf das andre zu oder ihm nach*). Die frage nach der bedeutung dieser bilder ist nicht leicht zu beantworten; mit recht hat man die annahme von mysterienscenen aufgegeben; andrerseits können aber auch eigentliche scenen aus dem täglichen leben nicht gemeint sein, indem kaum die erst erwähnten beispiele sich so fassen lassen; sonst deutet alles darauf hin, dass es dem maler nur darauf ankam, durch eine allgemeine zusammenstellung der figuren gewisse a l l g e m e i n e anschauungen und gedanken im beschauer zu wecken. Von den attributen wird nie ein charakteristischer gebrauch gemacht und die gestalten werden in eine durchaus ideale sphäre gerückt; besonders bezeichnend für diese abstrakte allgemeinheit ist, was bei diesem weiblich üppigen volke sonst unerklärlich wäre, dass meistens rohe felsen zum sitze dienen; dazu kömmt dass manchmal eine frau einen thyrsos trägt oder sich satyrn einmischen. — Nicht selten finden wir bilder wie die besprochenen neben künstlerisch bedeutenden mythologischen vorstellungen an den untergeordneten teilen desselben ge-

---

*) z. b. Ann. d. J. 1852, Q, Hancarv. 3, 126; Passeri 5, 54, 55, 61, 62, 77, 87, 94, 115, 185; Caylus recueil I, 38; Neapel 1973, 1939, 1933, 2009, 2343, 1915, 1943, 1968, 2010, 2012, 2197, 2307, 2680, S. A. 213, 326, 330, 359, 647; Petersburg 819, 776, 1093, 1102, 1190, 1192, 1197, 1234, 1241, 1249, 1252, 1306; Berlin 787, 899, 954, 1041, 1062, 1065, 1175, 1178; häufig ist auch die gegenüberstellung an zwei seiten der Vase z. b. Elite 4, 36; Moses vas. Engl. 27; Neapel 853, 858, 2126, S. A. 294, 340; Petersb. 1203, 1214, 1361, 1363; Berlin 1137, 1142, 1180, 1998 ff. Oft läuft Eros der frau nach, wie Neap. 2072, 2118, 2493, 2700, 1765, 1896, 2098, oder ihr voran: Neap. 2015, 2577, S. A. 27 B. 299. — Eine reiche zusammenstellung solcher bilder s. auch bei Jatta catalogo p. 1151 unter „daemon androgino" und in Newtons Vasencatalog des Brit. Mus. bd. II p. 310 unter „Eros audrogynus."

fässes, woraus hervorgeht dass es nicht unvermögen war eine scene des täglichen lebens darzustellen, sondern dass man eben nur ganz allgemeines geben wollte (gerade wie bei den sog. mantelfiguren auf dem revers der besten Vasen); diese allgemeinen gedanken aber künstlerisch durchzubilden war bei solchen nebenvorstellungen zu viel verlangt, und später als sie die hauptdarstellungen wurden war auch die künstlerische fähigkeit geschwunden; man begnügte sich also, statt durch handlung und charakteristik, das gewollte wesentlich durch attribute auszudrücken, wodurch die figuren freilich zu zeichen herabsanken. — Suchen wir nun die art dieser allgemeinen vorstellungen näher zu bestimmen: die attribute beziehen sich alle auf sinnliches wolleben und glück, es sind die bei der toilette sowie im kreise der Aphrodite und des Dionysos gewöhnlichen; dass ein krater einmal den mittelpunkt der versammlung bildet und weintrauben sich oft in ihren händen finden, weist deutlich darauf hin, dass sie besonders von dionysischen genüssen beglückt sind. Auch Eros trägt alle bakchischen attribute; die allgemeinheit der ganzen darstellungen hat auch ihm eine allgemeinere bedeutung verliehen, immer ist er eine hauptperson und verkehrt freundlich mit den menschen, er erhebt sie in eine ideale sphäre, er beglückt sie, indem er mit ihnen ganz auf einem fusse verkehrt (Eros ist fast immer jünglingshaft), ja er ist offenbar zu einem allgemeinen glücksdämon, zum repräsentanten der schönheit und des sinnlichen wollebens geworden. Zu dieser verallgemeinerung hat seine verbindung mit dem dionysischen kreise das meiste beigetragen, denn hier ward ihm zuerst jene weitere bedeutung als personification der lustvoll-seligen bakchischen aufregung, die ja bekanntlich in späterer zeit allgemein als ziel und ideal des glücks betrachtet wurde. Demnach scheint es die absicht unsrer bilder zu sein, durch den verkehr mit diesem Eros beseligte menschen darzustellen. — Erinnern wir uns nun jener attischen inschrift-Vasen, wo wir ebenfalls den gedanken fanden, das jedem vorschwebende ziel des lebensglücks darzustellen;

doch was dort künstlerisch durchgeführt ist, finden wir hier nur ärmlich angedeutet: ein wolleben in aphrodisisch-dionysischen genüssen. Die von dem gewöhnlichen erdenleben abstrahirende allgemeinheit der darstellungen, ihre bestimmung für gräber lässt endlich die frage berechtigt erscheinen, ob mit diesen bildern von glücklich beseligten nicht auf den erhofften zustand nach dem tode angespielt werden sollte. In welcher weise man sich letzteren dachte deutet Bull. Nap. n. s. 3, 14 an, wo Aphrodite Eros und Silen das leben des Herakles nach dem tode verschönern werden, und wer musste sich nicht dasselbe wünschen? Noch deutlicher würde CR. 1863, 6, 1 sprechen, wenn Stephanis deutung ganz sicher stände. Aus den bildern selbst werden sich jedoch schwerlich entscheidende gründe ziehen lassen, weshalb ich auch die frage nur aufgeworfen haben möchte. Wenn öfter über der gewöhnlichen sepulcralen darstellungen am halse sich eines unserer bilder findet (z. b. Gerh. Mystb. 3, 4; Neap. 1765, 2197, 3229, 2022), so könnte man, da oft eine beziehung der am halse befindlichen Eroten zu der vorstellung am bauche stattfindet (z. b. Neap. 1757, 3218, 3238, 3221, S. A. 697), eine solche vielleicht auch hier vermuten wollen. *)

Doch wie es auch damit sei, so bleibt doch Eros immer derselbe; denn er hat selbst nie bezug zu gräbern oder zum tode als solchem; nie erscheint er auf den so häufigen sepulcralen bildern der schmückung eines grabes oder verehrung eines todten; nie findet er sich etwa auf griechischen grabsteinen vorrömischer zeit. **) Eros ist vielmehr auf un-

---

*) Dem jonischen capitell das oft als sitz dient, bei Eros wie bei den übrigen, kann man keinen sepulcralen bezug beimessen, da es neben andern sesseln in scenen des gewöhnlichen lebens vorkömmt (z. b. Gerh. Mystb. 8; 5.)

**) Philol. 17 t. 1, 3 = D. a. K. 2, 704 ist die inschrift ερωτι ουραν gefälscht und nach Conze eine Sirene dargestellt (Conze über griech. grabrel. p. 12 ff).

sern bildern zwar der bedeutung nach verallgemeinert, im wesen aber noch der alte. Erst in römischer zeit schuf man, in Athen nicht minder als in Rom, einen seligen schwarm von Eroten vorbildlich für das leben im jenseits, ja man identificirte die verstorbnen (namentlich kinder) mit solchen Eroten; doch diese anwendung basirt ganz auf jener rein persönlich vermenschlichten anschauung des Eros, die den Vasen noch fremd ist.

3. Eros allein.

In lichteren regionen befinden wir uns wieder den meist anmutigen gefässen gegenüber, die den gott der liebe und schönheit allein zu ihrer decoration wählen.

Zuerst die fälle, wo man ihn durch attribute oder sonstige verbindungen seinem wesen gemäss zu characterisiren suchte: etwas strengeren stils scheint noch Neapel R. C. 164 zu sein, wo er mit fackel (?) und reifen hinfliegt: καλος. Voll grazie stimmt er die leier, indem das mit seinem wesen verbundene attribut zu einer individuell momentanen handlung verbunden ist (Compte r. 1869, 4, 10). Mit schale und leier schwebend zeigt ihn ein attischer lekythos (Dumont peint. cér. de la Grèce propre p. 40, no. 4). Er verfolgt oder beobachtet die hasen;*) er fährt auf schwanengespann oder spielt mit dem schwane und reitet auf ihm**); er flötet auf dem delphine (Neap. R. C. 123); überhaupt pflegt auch Eros, wie alle götter, gerne auf den ihm verwandten tieren zu reiten, so auf dem reh***), auf dem hirsch†), dem pferd

---
*) Jnghir. v. f. 201; cat. Beugnot 9; Jatta 1421, 1550.

**) Dubois-Mais. 71, 2; Petersb. 1077; Neap. 8. A. 459; Jatta 1396; Neap. 1737; einen vogel futternd Jatta 1312; schwebend mit vogel und zweig Dumont peint cér. p. 40 n° 7.

***) Stackelberg 28, cf. Steph. CR. 1863, 158; Durand 50 spielt er mit ihm.

†) Tischbein 4, 7; Berlin 903; reh und gans sind neben ihm Arch. z. 1851, 32.

(Millin 2, 59, cf. das relief Stackelb. 56) und auf der ziege (Beugnot 195), welche verbindung aber erst in spätrer kunst häufiger wird (vgl. Stephani CR. 1863, p. 155 und 1869, p. 88). Auf sein dionysisches wesen bezieht es sich, wenn Eros das tympanon schlägt (Petersb. 1622) oder flötet (Durand 48), oder mit einem tierfelle über dem arme tanzt (Neap. S. A. 683, sonst Jatta 1370, 1375); auch auf eine ithyphallische herme fliegt Eros zu (Arch. z. 1871, p. 57, 66; Wien III, 11; Gerh. Ak. abh. 64, 4).

Sehr anziehend in ihrer anspruchslosigkeit sind einige bilder jener kleinen lekythen (cf. Steph. CR. 1863, 144) welche ihre darstellungen ausschliesslich aus dem frauen- und kinderleben wählen und denen daher auch Eros, der beschützer des frauenlebens, nicht fremd ist; sie behandeln ihn, der kleinheit des gefässes entsprechend, in anmutig decorativer, meist kindlicher art; die zeichnung ist frei und schön aber flüchtig.

Eros liebt seiner natur nach blumen und vegetation (cf. Alkman fr. 29; Plat. symp. 196 B οὗ ἄν εὐανθὴς τόπος ᾖ, ἐνταῦθα καὶ ἵζει), drum kniet er auf blumen oder schwebt in oder vor ranken (Neap. 1757, 2259, 3056, Münch. 236). Noch öfter kauert er am boden und streckt die hände nach einer ranke aus, um mit ihr zu spielen.*) Es bedarf wol kaum einer ernstlichen widerlegung, wenn Heydemann vermutet, dies motiv des kauernden Eros müsse auf eine berühmte statue zurückgehen; denn gerade dies motiv ist so recht für diese lekythen erfunden (wie es auf denselben auch für kinder gebraucht wird z. b. Heydemann t. 12, 5) und statuarisch ausgeführt wäre es sinnlos.

Noch sonst öfter schwebt oder geht Eros auf diesen gefässen spielend oder eine schale haltend (Compte r. 1863,

---

*) Münch. 266; Heydem. gr. Vb. t. 10, 3 u. 4, hilfst. n° 9 u. 10; p. 10 a. 6 noch zwei beispiele aus Athen; Jatta 752, 772, 902. Durand 45, 52, 56; Rossi vasi Blacas 14 p. 44, dass er weine sieht Rossi wol nur seiner schönen erklärung zu liebe.

2, 29; Brit. mus. 774, C 42; Berlin 1685, 1844), ja er kriecht ganz wie die kinder auf dem boden nach einem vögelchen haschend (Heydem. gr. Vb. t. 10, 5).

Ist hier die kindliche auffassung durch die gefässgattung bedingt, so tritt anderswo wieder mehr das wesen des Eros hervor: er schwebt langlockig dahin mit kanne und schale *), mit kranz oder tänie**) oder er hält die strigilis, die ja auch frauen mitunter zukömmt (Brit. Mus. C 15; Petersb. 1178).

Seltner ist das thymiaterion, das im dienste der Aphrodite besondere verwendung fand, er trägt es schwebend Biardot terres cuites fun. 48.***)

Aeusserst häufig benutzt aber die weichliche unteritalische malerei einen einzelnen Eros zur decoration und zwar meist mit den schon oben erwähnten attributen allgemeinen characters ausgerüstet, die wir auch in händen der frauen und jünglinge so oft finden, z. b. noch ohne attribute, im schmuck Laborde 2, 42, Hancarv. 2, 35, 79; kauernd mit korb und spiegel Moses vas. Engl. 30, mit zweig und schale etc. Dubois-Mais. 7, 3, 85; Münch. 835, 831, 818; Inghir. v. f. 66, Tischb. 3, 36; Hancarv. 4, 69 (auch schirm neben küstchen und traube); Gargiulo rec. 2, 20; muster des überladnen sind: Petersb. 1076 auf felsen mit perlenputz und kasten, fächer, zwei schalen und einer anlehnenden fackel; oder Neapel 3437: mit tympanon, spiegel, kranz und kasten lehnt er reichgeschmückt am luterion, am boden noch ein fächer! †)

Sehr auffallend muss es erscheinen, dass die uns aus andern monumentenkreisen so bekannte vorstellung von meh-

---

*) München 300; Hancarv. 3, 45; Berlin 2003; Durand 49 Campana ser. 11, 38.
**) Heydem. gr. Vb. p. 2 n° 1; Brit. mus. 992, 956; Berlin 819.
***) in fabelhaftester polychromie abgebildet, wie überhaupt dieses werk oft alles bisher dagewesene übertrifft.
†) Was es heisen soll, wenn Eros mit thyrsos von dem sitzenden Hermes weggeht (Petersb. 1138 verfall) weiss ich nicht; Eros mit thyrsus allein sitzend Neapel 895.

reren unter sich zum spiel versammelten Eroten der Vasenmalerei durchaus fremd ist, obwol sie ja gerade hier die anmutigsten motive zur decoration hätte finden können; aber immer ist Eros entweder in beziehung zu andern wesen oder allein; man führe nicht etwa an München 805, wo eben Aphrodite als mittelpunkt und herrscherin der Eroten erscheint, wie sie auch Neapel 2901 beim spiele zweier Eroten gegenwärtig ist; gewiss sehr spät ist Berlin 2006, wo jedoch nur eine üusserliche zusammenstellung mehrerer der sonst gewöhnlichen einzel-Eroten mit ihren attributen sich findet, ornamental in pflanzengewinde; ähnlich ist es mit Petersb. 926,*) wo in ranken vier Eroten und ebensoviel schwäne nach entgegengesetzter richtung schweben, also auch keine handlung und nur vervielfachte einzel-Eroten.**)

Nun finden wir aber die hier vermissten vorstellungen auf einigen ungleich spätern***) polychromen und reliefgefässen, die mit der Vasenmalerei gar nichts zu tun haben (dennoch citirt Helbig unters. p. 237 einiges, um auf den historischen charakter der Vasenmalerei selbst schlüsse zu tun). Wir haben hier wettfahrende Eroten mit den römischen circusmützen der aurigae (Ann. d. J. 1871, A; Mus. Greg. II, 101; Petersb. 1767), sie fahren mit panthern greifen löwen böcken etc. (Mus. Borb. 3, 46; Bull. d. J. 1840, 55); Eroten blasen syrinx, umarmen oder tummeln sich umher (Bull. d. J. 1864, 137; Petersb. 868; Panofka terrac. 63; Mus. Greg. 2; 102 mit Psychen?).

Nicht nur die darstellungen, sondern auch die äussere erscheinung der Eroten ist eine wesentlich verschiedne von

---

*) und auch Durand 53 „deux Amours volent à la rencontre l'un de l'autre" — ob auf beide seiten der Vase vertoilt?
**) Was von Lenormant coll. Raifé 1341 zu halten sei, kann nach der beschreibung nicht entschieden werden, ist doch nicht einmal gesagt, ob der angebliche Eros und Anteros „sous traits d'enfants" auch geflügelt seien.
***) sie werden in's 2. jhh. v. Chr. gesetzt, also in eine zeit, wo die Vasenmalerei im verlöschen war.

der auf Vasenbildern;*) es ist somit klar, dass wir hier zwei vollständig getrennte auffassungen des Eros auf den produkten des handwerks antreffen; ein wesentlicher umschwung, ein neuer mächtger einfluss muss gewirkt haben, um den schroffen gegensatz jener bilder zu der Vasenmalerei hervorzubringen. Welches diese umgestaltende macht war, ist nicht schwer zu beantworten: die oben citirten vorstellungen sind nemlich dieselben, wie sie aus campanischen wandbildern und spätern reliefs so bekannt sind; gehn aber erstere auf alexandrinische originale zurück, wie Helbig erwiesen hat, so ist damit auch festgestellt, dass es eben der Hellenismus ist, dessen neugestaltende macht jene späten produkte bedingt, während die Vasenmalerei von ihm noch unberührt ist. Dass auch andre gesichtspunkte zu diesem sich hier von selbst ergebenden resultate führen, wird sich unten zeigen. — Ein einzelner Eros der Vasenmaler ist nie in einer ausserhalb seines wesens liegenden handlung dargestellt und nicht die handlung, sondern das begrifflich mythologische wesen des gottes bildet das hauptinteresse; wenn dagegen mehrere Eroten wettfahren im circus, so hat das mit ihrem begriffe gar nichts mehr zu tun und das interesse liegt nur in der rein menschlichen handlung die von Erotenkindern getragen erscheint: diese entwicklung blieb der Vasenmalerei fremd. .

---

*) Als zwischenstufe mögen jene bilder mit lateinischen inschriften gelten (bei Ritschl pr. lat. mon. t. 10 u. 11; suppl. V, B), die meist einen einzelnen Eros zeigen, in der gesammtauffassung noch den unteritalischen bildern entsprechend, nur dass die kindergestalt und die kleinen flügel u. ä. deutlich den wachsenden einfluss des alexandrinischen Eros bekunden, der dann in jenen reliefvasen vollständig zum durchbruch gekommen ist. Damit stimmt wol überein, dass obige gefässe ende 5. Jhh. a. u. c. entstanden, wie die inschriften beweisen; doch gehören auch einige gefässe derselben technik ohne inschr. hieher, z. b. eines im Münchner Antiquarium.

Rückblick.

Ueberschauen wir das vorkommen des Eros auf den behandelten bildern, so verlangt zunächst sein äusseres auftreten nähere betrachtung.

a) *Erscheinung*.

Was zunächst die körperliche grösse des Eros betrifft, so richtet sich diese im allgemeinen ganz nach künstlerischen gründen. Realistische kinderbildung ist der Vasenmalerei überhaupt fremd, wenn man jene kleinen gefässe mit kinderdarstellungen ausnimmt; es handelt sich daher nur um verkleinerte oder vergrösserte mellephebengestalt. Doch zeigt sich gerade bei den noch strengeren bildern und auf den attischen produkten eine vorliebe für kleine und zierliche bildung, während die unteritalischen gefässe meist der grösseren gestalt den vorzug geben. Als norm gilt aber überall, dass er, wenn heranschwebend oder sonst untergeordnet, kleiner, wenn auf gleichem fusse mit den übrigen personen, grösser dargestellt wird. So sehen wir ohne unterschied der bedeutung auf einem und demselben bilde die grösse sehr wechseln, aus rein künstlerischen gründen (z. b Laborde 1, 47; München 827; Berlin 880 B).

Eine wesentliche erweiterung in den attributen bringt die verbindung mit Dionysos: zu den gewöhnlichen, dem kranz, der tänie, schale, zweig und der selteneren leier gesellt sich die doppelflöte, das tympanon, krotalen, traube und manchmal auch die fackel, letztere jedoch nur in den späteren unteritalischen bildern; denn Neapel R. C. 164, wo die inschrift auf ältre zeit weist, ist vielleicht nur ein stab gemeint*), worüber nur autopsie entscheiden könnte, und Compte r. 1861, 5, 2 sind es die hochzeitsfackeln, wie sie

---

*) die zeichnung soll sehr flüchtig sein.

wol auch Neapel 2541 zu fassen sind. Demnach bleiben nur die unteritalischen bilder, wo die verbindung mit bakchischen attributen deutlich darauf hinweist, dass auch sie diesem kreise entnommen sei; so reitet er auf einem Silen und hält die fackel (Millin v. p. 1, 20), sonst nur in den gewöhnlichen apulischen verfallbildern mit den bakchischen frauen;*) öfter hält er sie auch allein oder liegt neben ihm**); Gerhard trinksch. u. gef. G halten die Aphrodite tragenden Eroten fackel und eimer, und endlich hält er sie brennend in einer grösseren, zwar unklaren, aber sicher bakchischen scene (Neapel 3252 B unten). Einen charakteristischen gebrauch macht Eros nirgends von der fackel, nirgends eine andeutung dass er liebe mit ihr entzünde; überall vielmehr ist sie ihm ganz accessorisch, wie ein andres attribut des dionysischen kreises, beigegeben: auch hier ein scharfer gegensatz zu alexandrinischer poesie und kunst, die ja den knaben, der überall mit seiner fackel liebesfeuer entzündet, nicht genug zu preisen weiss.

Ein ähnliches uns aus der spätern tradition sehr geläufiges, auf Vasen noch seltnes attribut ist der bogen; mir sind nur folgende beispiele bekannt geworden, die alle der spätern unteritalischen malerei angehören: er schiesst die liebespfeile auf ein mädchen ab auf drei Vasen (Tischbein 3, 39; Petersb. 1181; Jatta 1417), auch allein schiesst er den bogen ab (Gerh. Apul. Vb. B, 1 lebendig schön mit bezug auf die hauptseite, ähnlich Ann. d. J. 1831, D, 1; auf eine taube Neapel S. A. 403) oder spannt ihn (Berlin 2006); Eros mit bogen ist Dionysos gegenüber gestellt (Neapel 824) und hält auf dem Silen reitend dies geschoss (Millin v. p. 1, 20). Auf der Phthonos-Vase (Arch. z. 1867, 220) sind bogen und pfeile offenbar der starken und unheilvollen wirkung des

---
*) Gerh. Mystb. 3, 4 wo er fackel und tympanon hält; Neapel 1805, S A. 480; Bull. d. J. 1866, 212, 3; Berlin 1186 B.
**) Petersb. 1661; Neapel S. A. 613; 1757; Lenormant coll. Raifé 1417 flötet er und hält die bakchische fackel; Berlin 785, 907; Petersb. 1161, 1076.

Eros wegen gewählt, der hier ein junges leben getödtet hat
(wenn sie nicht, was mir wahrscheinlicher, der Aphrodite
gehören im anschluss an Euripideische tradition). Nachdem einmal die alexandrinische poesie und kunst
den mutwilligen knaben mit dem bogen so unzählige male
gefeiert hatte, beherrschten diese vorstellungen alle folgezeit
und noch heute ist ja Eros als bogenschütze der populärste
gott; wenn nun, wie man annimmt, die spätre Vasenmalerei
von alexandrinischer anschauung bedingt ist, so wäre es
ein geradezu unerklärliches factum, dass Eros mit dem bogen hier so äusserst selten ist. Ueberraschend leicht löst
sich aber das problem, wenn wir die voralexandrinische tradition zu grunde legen.

Dass der bogen als attribut des Eros erst zu ende des
5. jhh. in der poesie sich allmälig festsetzte, sahen wir bereits oben, und damit stimmt überein, was wir von der kunst
wissen; denn keiner der Phidiasischen Eroten hat dies attribut. Noch Zeuxis malt ol. 88 den Eros ohne attribute, nur
rosenbekränzt (würde man diese nebensache angeführt haben, wenn er sonst ein bezeichnendes attribut gehabt hätte?),
derselbe scheint auf die zeitgenossen gleichwol von nicht geringer wirkung gewesen zu sein, da man ihn sich so am
liebsten vorstellte (Aristoph. Ach. 991). So wagt man es
erst im 4. jhh. dem Eros den bogen zu verleihen: wahrscheinlich trug ihn Praxiteles thespischer Eros*) und der bei
Callistr. 3 beschriebne Eros des Praxiteles hielt den bogen
in die luft und schien sich erheben zu wollen; dagegen war
der Eros in Parion von demselben meister wieder ganz ohne
attribute (vgl. die münze bei Bursian Jenaer lect. cat.

---

*) wohl schlaff als stütze, etwa wie ihn das schöne Pompejanische
relief zeigt (Mus. Borb. II, 53); sehr mit unrecht wollte Engelmann (Arch. z. 1868, 38) ihn zu einem bogenspanner machen;
denn οὐκέτι heisst bekanntlich „nicht mehr" und ἀτενίζομαι
„etwas unverwandt anblicken," was doch von einem suchenden
schweifenden blicke sehr verschieden; der bogenspanner dagegen gehört Lysippischer richtung an.

sommer 1873): Pausias endlich um ol. 100 malt den Eros, wie er bogen und pfeile wegwerfend nach der leier greift. Solche taten der grossen kunst wirken aber bekanntlich auf das handwerk sehr langsam, und überhaupt scheint, wenn wir die literatur betrachten, der bogen des Eros im 4. jhh. noch nicht sehr populär gewesen zu sein; wenigstens erwähnen ihn die reichlichen fragmente der komiker, so sehr sie sonst Eros preisen, niemals. Vortrefflich stimmen diese tatsachen alle mit der seltenheit des bogens auf den Vasen überein und auch hier tritt uns wieder der ganze gegensatz der Vasenmalerei einerseits, die auf der tradition des 4. jhh. ruht und der hellenistischen anschauung andrerseits, wo Eros kaum mehr denkbar ist ohne bogen, in voller schärfe entgegen.

Von andern attributen sind noch nennenswert der stab, er ist wol das κέντρον der dichter, das seit Euripides dem Eros öfter beigelegt wird; nur einmal macht er charakteristischen gebrauch davon, indem er die leidenschaft des kentauren anstachelt (Ant. du Bosph. 53), sonst hat er ihn blos als attribut.*)

Mit dem zunehmenden verfalle steigert sich auch die menge der attribute immer mehr: aus dem aphrodisisch-dionysischen kreise sind zu nennen: das liebeszauberrädchen (Jahn ber. d. sächs.-ges. 1854, 256)**), der vogel, der spiegel, das alabastron, fächer, schirm und leiterchen (s. bs. Ann. d. J. 1869, Q wo Eros es hält und eine frau dazu flötet). In der unteritalischen verfallsperiode endlich wird, wie wir oben sahen, Eros mit allem möglichen überhäuft. Als ausnahmen seien noch einige fälle erwähnt, wo Eros auf einem delphin vorkömmt, ein motiv das in der späteren kunst sehr häufig wurde und wol aus der eigenschaft des delphins, alle schönen knaben zu lieben (cf. Steph. CR. 1864, 207—

---

*) Millingen div. 41; Laborde 1, 80; Dubois-Mais. 42; Compte r. 1865, 102; Neap. 771; Petersb. 1196, wo auch Peitho (?) das stäbchen hält; Berlin 1056.

*) z. b. Compte r. 1862, 1, 1; 1863, 5, 2; Ann. d. J. 1852, Q. ff.

215) auf Eros übertragen wurde, da dieser auch mit dem meere und den Nereiden nähere beziehungen einging. *) Einen ungeflügelten Eros hatten wir schon auf der Thamyris-Vase, wo, wie Michaelis richtig bemerkt, nur die stellung daran schuld ist; eine unmotivirte absonderlichkeit dagegen ist der ungeflügelte Eros Elite 4, 68 = Petersb. 1188. Im allgemeinen glaube ich sagen zu dürfen, dass flügellosigkeit als solche nie intendirt worden ist; denn wo sie stattfindet, da ist es entweder nicht mehr der reine Eros, wie auf den attischen sarkophagen **), wo wol die identification mit den verstorbnen grund der nichtbeflügelung war, oder es sind concessionen aller art durch bequemlichkeit oder nachlässigkeit verursacht, wie so häufig auf den römischen reliefs (dagegen nie auf den wandbildern, wo die flügel eben immer leicht auszuführen waren); damit stimmt überein, dass die poesie bis in die spätesten zeiten nicht müde wird gerade die beflügelung an Eros als etwas wesentliches hervorzuheben.***)

Noch eine absonderlichkeit ist ein Eros mit flügelschuhen (Petersb. 1299), der vor zwei liebenden auf einem thymiaterion opfert, es ist offenbar eine komische nachbildung des götterboten Hermes, wie ähnlich Pan mit flügelschuhen vorkömmt (Neapel 2541).

Mit der zunehmenden weichlichkeit in der ganzen auffassung†) begann man auch demselben Eros, den eine

---

*) Passeri 42 (cf. Steph. CR. 1864, 223); Neapel R. C. 123; 3252 mit dreizack; 2845; Wien V, 11 neben Aphrodite.

**) z. b. Arch. z. 1869, 19; 1872, 59; Stephani ausr. Her. II.

***) Der sog. Eros aus Athen Clarac 650 D, 1478 D ist sicher keiner, nicht nur wegen der flügellosigkeit, sondern auch wegen der für Eros viel zu schlanken proportionen, die auf einen jugendlichen Apollo weisen, vgl. z. b. Clar. 478, 915. — Der knabe auf dem späten silberdisk Archaeologia bd. 34, 21 ist sicher auch kein Eros, wie noch Stephani annimmt (doch auch der Guide to the br. r. p. 43, 32 nennt ihn nur boy).

†) vgl. über die umbildung des männlichen schönheitsideals Helbig unters. p. 258.

frühere zeit hatte bewaffnet darstellen können, weiblichen haarputz zu erteilen und zwar ist dies im unteritalischen stile die regel; dass es jedoch schon der feinsten attischen malerei nicht fremd war zeigt Compte r. 1861, 5, 1 (auch auf einer schönen kilikischen münze hat er weibliches haar: Ann. d. J. 1847, D, 4). Dass man jedoch keine bedeutung darein legte und es nur ein künstlerischer brauch war, um den Eros ἀβροκόμης (Anth. Gr. 2, 66, 1; Nonnos 13, 456 und oft) zu charakterisiren, zeigen fälle, wo unter mehreren sonst gleichbedeutenden Eroten der eine männliches, der andere weibliches haar hat (z. b. Compte r. 1861, 1; Laborde I, p. 31; Elite 3, 30; 4, 19). Andrerseits kömmt auch noch im apulischen verfallstile männliches haar vor (z. b. Bull. Nap. 2, 4; Ann. d. J. 1865, E; Elite 4, 36). Sehr häufig trägt Eros schuhe (ἀβροπέδιλος Anth. Gr. 1, 9, 21) und gewöhnlich fügt die unteritalische malerei reichen perlenschmuck um arme brust und beine, sowie oft eine haube hinzu.

Auch eine strahlenkrone wird Eros mitunter verliehen zur betonung seiner göttlichen herrlichkeit (schon Compte r. 1861, 1; 1862, 1, 3; Hancarv. 1, 40; Arch. z. 1855, 84; Laborde 1, 5). Nahe verwandt und vielleicht nur mit der strahlenkrone verwechselt ist der geflochtne kalathos, den er einige male trägt (Ant. du Bosph. 53 cf. Steph. CR. 1865, 65; auf einer attischen Vase Arch. anz. 1856, 244).

Ist zwar nacktheit für Eros die regel, so kömmt doch eine kleine chlamys als malerische zutat, nicht als kleidungsstück, ziemlich früh vor: schon am Parthenonfriese trägt er ein solches kleines gewand und auch auf der noch strengeren Vase Bull. d. J. 1867, 231; häufig wird es jedoch erst im eigentlich malerischen stil, wo er es meist an einem arme hängen hat*).

---

*) z. b. Laborde 2 suppl. 6, ib. 1, 80; Compte r. 1865, 102, wie oft auf den ähnlichen attischen gefässen; ib. 1860, 2, 1; Ann. d. J. 1866 CD.; Jnghir. v. f. 343; Tischb. 3, 25; Mus. Blacas 22, 1; Hancarv. 1, 66; 4, 98 etc.

Noch viel häufiger sitzt er auf dem gewande, besonders in den apulischen verfallbildern. Besonders charakteristische stellungen sind für Eros nicht angewendet worden; doch mag erwähnung finden, dass das höher aufstützen eines beines, ein motiv das in die plastik wol erst durch Lysipp, in die malerei wol schon früher eingeführt ward, in der periode des malerischen stils, wie für andre (bsd. Hermes) so auch für Eros oft verwendet wurde.*)

Demnächst lohnt es sich auf die art der handlungen des Eros einen blick zu werfen; hier treffen wir eine fülle von symbolen die seinem wesen entsprechen; das in der ganzen Vasenmalerei weitaus beliebteste und häufigste bleibt das alte symbol des kranz oder täniebringens, ein zeichen wie sehr die begriffliche auffassung die vorwiegende ist. Die stelle des seltnen bogenschiessens vertritt das verfolgen, herantreten und umarmen, alles nicht eigentlich realistische handlungen sondern psychologische symbole. Als schönheitsverleiher giesst er sein alabastron aus oder füllt dasselbe neu. Den liebeszug führt er an oder schwebt über dem paare. Seltner sind die fälle wo Eros als person activ eingreift, aber auch dann immer seinem begrifflichen wesen entsprechend, wie wenn er den stier vor Europa niederdrückt oder zur liebe auffordert, überredend anfeuert, wenn er als liebesbote fungirt, wenn er den frauen bei der toilette hilft oder mit ihnen spielt. Aus seinem wesen und character ist es ferner abgeleitet, wenn er sich mit hase, schwan oder blumenranken abgibt, ausnahmen sind fälle wie die alla morra spielenden oder der mit dem kinderwägelchen, handlungen, die mit Eros blos deshalb verbunden werden können weil er eben jung ist; anders ist es wieder, wenn er flötet oder das tympanon schlägt, wo sein dionysischer charakter

---

*) z. b. Bull. Nap. 3, 13; Mon. d. J. 4, 43; Mus. Borb. 7, 8, 2; Fröhner mus. de Fr. 13, 4; Neapel 843, 3218, 3248, 2375, 2396, 2257, 3220, S. A. 406, 362, 305, Jatta 1445; Petersb. 784.

zu grunde liegt. In der spätern lokern compositionsweise endlich, wo die figuren nur zusammengestellt sind, ohne zusammen zu wirken, wo die centralisationskraft fehlt, da sucht man gerne auch für Eros nach kleinen genremotiven, wie er sich denn in der schale seiner mutter spiegelt, einen schwan tränkt oder mit einem vögelchen spielt in grössern compositionen.

b) Bedeutung und verhältniss zur alexandrinischen kunst.

Wenden wir uns von dem äusserlichen auftreten zu der verwendung und geistigen bedeutung des Eros, so tritt unsere periode gleich in einen scharfen gegensatz zu der vorigen: während die ältre zeit es noch nicht wagte, Eros frei ohne mythische begründung blos der psychologischen motivirung wegen in eine mythologische handlung zu verflechten, so geschieht dies in unsrer periode im ausgedehntesten masse und während jene zeit nur in den allgemeinen scenen des täglichen lebens Eros als stimmungsausdruck verwandte, so beraubt unsre periode auch die mythologischen handlungen ihrer individualität und macht allgemein menschliche vorgänge daraus. Denn man begnügt sich nicht mehr mit schilderung der äusserlich in die sinne fallenden erscheinung, man verlangt zu wissen, was diese götter und heroen innerlich treibt. So setzt man denn Eros und oft auch Aphrodite frei hinzu, um die liebesabenteuer zu motiviren; so geschah es bei Peleus und Thetis kampf, bei den geschichten der Jo, der Europa und Amymone, des Pelops, der Medea u. s. f., selbst beim Parisurteile wird allmälig das mythische zersetzt und tritt der allgemeine inhalt: ein jüngling der in die netze der liebe fällt, immer klarer hervor.

Dieser durchaus veränderte standpunkt, die neue psychologische fassung der mythen, diese tatsache von weitgreifender bedeutung verlangt eine begründung aus dem geiste der zeit: wir finden sie in dem literaturzweige, der die anschauung von den mythen in dieser periode durch und durch beherrscht — in der tragödie. Nachdem die alte zeit, deren geist im epos lebt, die äusserliche möglichst individuelle und wunderbare gestalt der sagen ausgebildet hatte, trat später immer mehr die richtung auf's innere hervor, es kam die zeit des dramas; denn die tragödie stellt nicht äussere handlung dar, sondern sie zeigt das innere seelische werden einer handlung, sie zeigt die stimmungen, die seelenkämpfe des menschen, aus denen die äussere handlung ausfliesst; diese aufgabe, welche der tragödie mit der zeit immer klarer wurde, verlangte nun aber eine vollständige um- und neubildung der mythen, denn von jedem vorgang musste nun die psychologische entstehung klar vor augen gelegt werden, das unnatürlich unmenschlich wunderbare der mythen ward drum der feind des dramas und die geschichte der tragödie ist eine geschichte des kampfes gegen die fesseln der sage. Bald wurden nun alle mythen in's allgemein menschliche verarbeitet und der allgemeine gedanke bohrte sich immer tiefer in den äusseren sagenstoff. Vor allem aber war es die tragödie des Euripides, welche die psychologisch-pathologische seite überall hervorkehrte und die sage durch allgemeine reflexion zersetzte, und sie hatte den nachhaltigsten einfluss auf seine wie die folgende zeit.

Es konnte nun nicht fehlen, dass diese allmälig sich bildende neue grundauffassung der tradition, der ja noch manches andre parallel geht, wie die verschiedenheit in der geschichtsauffassung zwischen Herodot und Thukydides oder wie die wendung der gleichzeitigen philosophie nach der psychologischen seite, es konnte nicht fehlen dass dieser neue zeitgeist auch auf die kunst seine mächtige wirkung übte. Im handwerk freilich konnte sich diese erst zeigen, nachdem bereits alle kreise davon durchzogen waren. Gehören daher unsre vasenbilder des malerischen stils auch erst viel späteren jahren an, sind sie doch geistige kinder Euripideischer mythenauffassung.

Diese wirkung auf die kunst zeigt sich nun darin, dass auch sie die handlungen von innen heraus zu begründen sucht und nach künstlerischem ausdruck psychologischer tatsachen strebt: so gelangt sie dazu, personificationen von stimmungen und affecten in die handlung einzuführen. Wo aber schon passende, mehr begriffliche wesen vorlagen, da galt es nur, diese in jener psychologischen weise zu verwenden, und dies geschah sowol mit den Erinyen, die auch erst in dieser periode des freien stiles auftraten, als auch in erster linie — mit Eros. — So werden nun mit hülfe dieser frei in die darstellung des mythus verknüpften figuren die taten der götter und heroen ihres individuell wunderbaren charakters entkleidet und ins allgemein menschliche gerückt, denn innerlich gefasst sind ja alle gleich.

Ganz denselben entwicklungsgang nehmen aber auch die darstellungen aus dem gewöhnlichen leben, das früher in all seiner besonderheit aufgefasst und mit naiver freude geschildert ward: auch hier werden gewöhnliche lebensscenen zum ausdruck allgemeiner gedanken benutzt, auch hier personificationen von begriffen und stimmungen eingeführt.

Diese ganze richtung im grossen und allgemeinen betrachtet erreicht ihren höhepunkt (der freilich dem handwerk verschlossen bleiben musste) in einer composition wie die diabole des Apelles, wo alles wirkliche aufgelöst ist in die zu grunde liegenden begriffe und stimmungen und diese zu echten personificationen gestaltet sind. Doch auf dieser schwierigen und gefährlichen höhe der abstraktion konnte man sich nicht lange halten, wenn man nicht ins geschmacklose allegorisiren verfallen wollte; bald zog man es daher vor eine beliebige einzelhandlung zum repräsentanten allgemein menschlicher gedanken und stimmungen zu erheben, die consequente entwicklung führte — zum hellenistischen genre, zum mythologischen wie alltagsgenre.

Kehren wir zu Eros zurück, so reiht sich offenbar seine

psychologische verwendung auf den Vasen als stimmungsausdruck ganz in jene vorhellenistische durchgangsperiode ein, wogegen die alexandrinische kunst (die campan. wandbilder) diese verwendung des Eros gar nicht mehr kennt, denn hier ist er nie mehr personification, sondern immer person.

Doch Eros ist auch sohn der Aphrodite und als solcher wird er selbst zu einem objekt der vertiefung in's psychologische, ein objekt der vermenschlichung. Aus dieser anschauung sind jene wenigen Vasenbilder zu erklären, die ihn als spielendes kind und sohn der mutter darstellen; ihre geringe zahl zeigt, wie es nur ansätze, nur verbindende fäden sind zu jener im Hellenismus vollkommen ausgeprägten und herrschenden richtung, die Eros ganz zur person vermenschlicht.

Dagegen wieder ganz aus seinem begrifflichen wesen ist des Eros verbindung mit Dionysos und seinem thiasos geschöpft, wo er als personification der ekstase, des wilden stürmischen verlangens die bakchen aufstachelt und die müden zu neuem taumel fortreisst. Auch diese psychologische verwendung des Eros ist der campanischen wandmalerei fremd geblieben.

Das ruhige sanfte gegenbild ist der Eros der mädchen, der ständige begleiter ihrer spiele und unterhaltungen, die personification ihres anmutig liebreizenden wesens. Auch diesen Eros wird man vergeblich in der wandmalerei suchen.*)

Schliesslich bleibtuns noch übrig den historischen stand-

---

*) Doch ist es etwas verwandtes, wenn Eros als jagdgenosse des Ganymed schläft (Zahn 2, 32); der oft wiederholte, mit einem mädchen (wol Aphrodite) fischende Eros (Helb. 348—355) ist allegorisch zu fassen, wenigstens reden die dichter oft von dem herzen angelnden Eros und den netzen der Aphrodite: vgl. Ibykos fr. 2; Ariphr. v. 5 (Bergk p. 1250); Dikaeogenes fr. 1. (Nauck p. 601); Theokr. id. 27, 17; Anth. Gr. 1, 27, 91; Nonnos 48, 286.

punkt unsrer Vasenbilder des freien stiles näher zu fixiren. Während Eros in der ältern kunstperiode sich ziemlich selbständig der poesie gegenüber stellte, so finden wir hier die grösste übereinstimmung im grundcharakter: der Eros bei Euripides und seinen nachfolgern ist derselbe der auf unsern Vasen herrscht. Auf das gemeinsame symbolisch begriffliche wesen, auf die übereinstimmung in erteilung der attribute ward schon öfter aufmerksam gemacht. Aber auch die vielfältige feier, die Eros bei Sophokles und namentlich Euripides und Menander erfährt, klingt wieder in den Vasenbildern, deren manche man „triumph der liebe" überschreiben kann; taten der helden, wie die des Kadmos, werden gern aus Eros motivirt, der aber auch verderblich wirken kann, wie auf der Thamyris- und Meleager-Vase.

Wenden wir aber von hier den vergleichenden blick auf alexandrinische poesie und kunst, so werden wir den schärfsten gegensatz finden. Da wir uns hier im widerspruch mit der gewöhnlichen ansicht und mit Helbig befinden, der den charakter des Eros auf Vasen- und wandbildern für durchaus identisch erklärt,[*]) so verdient der vergleich eine nähere ausführung.

Weniges characteristische aus der alexandrinischen dichtung genüge, um den ganz verschiedenen charakter klar zu machen: bekannt ist die scene bei Apollon. Rh. 3, 111, wo Eros mit Ganymed spielend gefunden wird u. s. f., er ist hier schon das reine kind, eine vollkommen menschliche persönlichkeit (vgl. die ähnliche scene bei Nonnos 33, 55 ff.; auch Callimachus dichtete wahrscheinlich ganz ähnliches, cf. Dilthey de Callim. Cydippa p. 44).

Bei Bion (id. 5) führt Aphrodite νηπίαχον τὸν Ἔρωτα zu einem hirten damit er musik lerne, statt dessen lehrt

---

[*]) denn auf beiden gattungen „treibt er, während götter oder heroen ihren erotischen neigungen nachgehen, allerlei mutwillen." (untersuch. p. 237).

Eros den hirten ἐρωτύλα: das begriffliche, der ausdruck der empfindung ist hier ganz aufgelöst in eine persönlich-menschliche handlung, eine feste situation. Bei Moschus (id. 1) fordert Aphrodite alle auf, den entlaufnen buben Eros wieder einzufangen, also eine reine familienscene; darauf wird Eros character und erscheinung so beschrieben, dass die rein menschliche auffassung, die das begriffliche wesen ganz überwuchert, recht klar wird. Diese anschauungen sind auch die in der Anthologie herrschenden: es ist der kleine übermütig mächtige knabe der mit bogen und fackel alle seelen beherrscht, kurz der Eros der noch heute die populärste gestalt griechischer mythologie geblieben ist.

Nicht zu vergessen ist, dass in dieser hellenistischen periode auch die vorstellung der den menschen beglückenden und quälenden liebe zu dem rein menschlich persönlichen verhältnisse des Eros und der Psyche gestaltet wurde; stünden die Vasen unter dem einflusse alexandrinischer denkart und kunst, so wäre es unerklärlich warum diese so gefällige und leicht verwendbare erfindung von Eros und Psyche hier so absolut fehlte. — Und umgekehrt, wenn die campanischen wandbilder und die spätern Vasen eine gemeinsame grundlage haben, wie wäre es erklärlich, dass in den handwerkerprodukten ein Himeros und Pothos geschieden wird, ganz wie in der tradition des 4. jhh., während dies in der wandmalerei durchaus nicht mehr geschieht,*) ebenso wie die hellenistische poesie leere schallworte daraus machte?

Unter den nachahmern der Alexandriner sei nur noch

---

*) Noch weniger auf spätern monumenten; doch will Förster (raub u. rückk. d. Pers. p. 166, cf. Ann. d. J. 1873, 90) auf einigen sarkophagen, wo Eros über dem wagen der suchenden Demeter schwebt, Himeros oder Pothos erkennen, ohne alle analogie und berechtigung; offenbar ist dort der Eros gedankenlos nur wegen der genauen symmetrie mit Plutons gespann hinzugesetzt, wie ja ähnliches auf sarkophagen nicht selten is.

eine stelle Ovids erwähnt, wo (Met. 1, 452) eine rein persönliche beleidigung des Eros durch Apoll grund ist, dass er auf ihn einen liebespfeil, auf Daphne einen liebevertreibenden sendet: wenn der liebesgott auch liebe vertreiben kann, so ist doch das begriffliche fast ganz geschwunden. Kurz überall das streben an stelle psychologischer begründung äusserliche menschliche handlung zu setzen.

Durchaus dieselben anschauungen treffen wir nun aber in der campanischen wandmalerei, deren übereinstimmung mit alexandrinischer poesie ja Helbig trefflich nachgewiesen hat. Die fülle der treffenden aus Eros begrifflichem wesen entspringenden symbole der Vasenmalerei ist vollkommen erstorben; was man etwa noch hieher rechnen könnte, wie wenn Eros bei Narkiss die fackel löscht (1351 ff.), ist kalt verstandesmässig. Sonst überall ist Eros eben eine rein menschliche persönlichkeit und muss sich als solche ganz in den realismus der handlung fügen ohne rücksicht auf sein begriffliches wesen.

Wenige beispiele aus mythologischen scenen mögen genügen: er füttert den stier der Europa (122), trägt den wollkorb der Leda fort (149), er weint mit Ariadne (1223 ff.), viele Eroten, rein menschlich persönliche diener der Aphrodite, sind gerührt oder helfen eifrigst dem wunden Adonis (332—340, ganz wie bei Bion id. 1, 80 ff.), er deckt die gewänder der Ariadne (1235 ff.) und Chloris (974) auf, ebenso die des Priap (1140), er zieht die kleider ab von Daphne (209, cf. Arch. zt. 1869, 21), sie tragen keule und köcher des Herakles weg (1137 ff.) und suchen helm und schwert des Ares anzulegen (319 ff.); ein mutwilliger Eros wird gefesselt der mutter zugeführt zur bestrafung und von einem bruder noch verspottet (826); ganz im charakter einer kindlichen übung misst er sich im ringen mit einem Panisk (404 ff.); Eroten werden wie vögel verkauft (824); liebende pflegen sich vogelnester zu schenken, ein witziger aber kaltalexandrinischer gedanke, nun Eroten ins nest zu setzen

(821 ff., wo natürlich alle pointe verloren geht wenn man mit Dilthey Bull. d. J. 1871, 250 Aphrodite und Adonis sieht). Denselben charakter tragen ferner bilder bei den Philostraten, die demnach der hellenistischen entwicklung angehören: ganz mit Apollon. Rh. stimmt jun. 8; II, 30 zündet Eros den scheiterhaufen der Euadne an, 1, 29 entfesselt er ermattet und keuchend Andromeda; noch deutlicher stellt sich das rein menschliche dasein neben das begriffliche, wenn er (jun. 9) trauernd die axe am wagen des Oinomaos einschneidet; viele Eroten endlich helfen dem Dädalus zimmern und sägen für die liebende Pasiphae (I, 16).

Dies alles sind motive, die in der Vasenmalerei geradezu unmöglich wären, weil hier überall an stelle psychologisch begrifflichen stimmungsausdrucks durch symbole realistische menschliche handlung getreten ist.

Den schroffsten gegensatz bieten aber jene zahlreichen bilder aus dem leben und treiben der Eroten unter sich: selten liegen gewisse mythologische bezüge noch zu grunde, was als anfang dieser reihe zu betrachten ist, wie wenn sie hasen jagen (807, 809, 810) oder mit schwänen (785, Philostr. I, 9), mit delphinen (786, Arch. z. 1873, 3) und panthern (595) fahren, oder wenn sie äpfel sammeln, wie bei Philostr. 1, 6, wo aber noch andre züge beigemischt und, wie immer, das ganze in rein menschliche handlung verarbeitet ist (cf. Brunn Phil. 1, 282). Sonst sind die Eroten überall geradezu ein künstlerisches freigut geworden, mit dem sich alles machen liess und vergeblich sucht man nach einem halt aus der tradition oder dem begriffe des Eros: nicht nur kinderspiele (753—756) sondern alle möglichen handlungen der wirklichen welt, wie schauspieler (768), gladiatoren- (797 ff.), jagdscenen aller art (807 ff.), ja selbst das gewöhnlichste handwerk (804 ff.) wird von Eroten ausgeführt; besonders häufig feiern sie auch opfer und kultusfeste (769—78) allen möglichen gottheiten; auf dionysische feste jedoch lassen sich die zechenden kelternden etc. (757 ff.

Arch. z. 1873, 3) beziehen, wo im bakchischen wesen des
Eros ein gewisser anhalt lag, der aber rein menschlich ausgearbeitet wird, indem man realistisch die handlungen der
feste auf Eroten übertrug. Dazu gesellen sich meist noch
Psychen, natürlich ebenfalls alles begrifflichen elements entkleidet. Ebenso ist Eros in den fast zahllosen bildern, die
ihn allein oder kleine gruppen mehrerer darstellen, eine
reine decorationsfigur geworden, eine folie der willkürlichsten künstlerphantasien (z. b. 625 ff. als athlet, 621 ff. als
krieger, 710 als fischer etc.)

Kurz überall eine entwicklung, die zur notwendigen voraussetzung hat, dass man Eros durch und durch menschlich
persönlich fasste: und dies tat erst die alexandrinische zeit.
Auch hierin ist Eros der jüngste der götter, denn während
die übrigen Olympier im wesentlichen schon durch die Homerische poesie von ihrem natursubstrat losgelöst und zu
menschen wurden, erscheint Eros bis zum Hellenismus streng
an den begriff gekettet den er repräsentirt. An der spitze
der neuen entwicklung steht Aëtion, dessen Erotenwelt im
bilde der Rhoxane auf die folgezeit den grössten einfluss
hatte, wie uns die wandbilder lehren (cf. Helbig, unters. p.
242). Unberührt hievon gehören die Vasenbilder einer früheren geistigen entwicklung an, (wenn auch ihre ausführung
bekanntlich später ist), wo Eros noch an den begriff gebunden war. Und darin besteht eben ihr unersetzlicher wert,
dass sie uns die noch so frische und reiche kunst des vierten jahrhunderts repräsentiren, von der uns sonst ja so wenig erhalten ist, und ihrer unerschöpflichen fülle gegenüber
müssen die hellenistischen produkte kalt erscheinen, denn
trotz aller witzigen einfälle lassen sie kalt, der tiefere sinn
für bedeutung und inhalt, der warme poetische hauch ist
hier schon verschwunden.

Unserm resultate steht aber auch von chronologischer
seite nicht nur kein hinderniss im wege, sondern es bestätigt
sich nur noch mehr: die schönsten und feinsten der besprochenen bilder nemlich gehören unstreitig dem 4. jhh. an,

die nächstdem besseren der ersten hälfte des 3. jhh. Dass aber in dieser zeit die anschauungen von Eros noch nicht wesentlich verschieden waren von denen des Euripides lehren die frg. der Komiker. Nun blüht die alexandrinische poesie bekanntlich aber erst in der letzten hälfte des dritten jahrhunderts,*) wenn sie also auf das Vasenhandwerk gewirkt hätte, so könnte dies erst in den späteren unteritalischen produkten des verfalls ersichtlich sein; hier dürften wir demnach jenen neuen geist erwarten, der in der Alexandrinischen poesie herrscht; statt dessen finden wir aber ganz denselben Eros, wie auf den frühern produkten, indem das alte nur vielfach abgeflacht, nirgends aber ein neuer geist erscheint. Ueberraschend tritt uns dieser dagegen in jenen späteren polychromen und relief-Vasen entgegen, die mit der Vasenmalerei ja nichts mehr zu tun haben und dem Alexandrinischen einflusse erlegen sind.

Wie aber in der poesie, so bleiben auch in der kunst der ganzen folgezeit die vom Hellenismus entwickelten anschauungen die absolut herrschenden, so auf den zahlreichen compositionen der sarkophage (vgl. z. b. die Endymiondarstellungen). Dieser masse gegenüber sind uns nur sehr wenige reliefs erhalten, die voralexandrinischen geist bekunden, doch genügen sie immerhin, um zu zeigen, dass die auffassung der Vasenbilder nicht etwa auf diese allein beschränkt ist. Ich rechne hieher folgende (ohne anspruch auf vollständigkeit zu machen): Ganz an einige Vasenbilder schliesst sich jenes schöne Paris-relief an (Overb. Gall. 13, 2) das seine beste beleuchtung aus einer römischen nachahmung (D. a. K. 2, 295) erhält: hier zieht Eros ganz als mensch gefasst den Paris herbei; dort ist es das begriffliche wesen in Eros, ist es der gott der Paris zuspricht, hier realistisch sinnliche handlung, dort inneres geistiges leben. Ebenfalls in der symbolisch andeutenden weise der

---

*) Noch bei dem etwas ältern Theokrit ist Eros nicht in jener charakteristischen weise ausgebildet, wie später.

Vasenbilder sind zwei Eroten auf der herrlichen spiegelkapsel Millingen anc. mon. 2, 12 verwendet, und auf einem flüchtigen terracottarel. (bei Roulez mélanges 3 letzte taf.) treibt er ein liebendes paar mit der r. ermunternd an, also durchaus den Vasendarstellungen entsprechend. Ganz mit den auf den Vasen gewöhnlichen attributen, dem kästchen und der binde steht er zwischen Diotima und Sokrates, ohne handlung als gegenstand ihrer unterhaltung, auf mehreren repliken (Ann. d. J. 1841, H; Mon d. J. 9, 26, 2 a u. b) eines originals das gewiss im 4. jhh. erfunden ward, wo die wirkung des Platonischen symposions noch am frischesten war. Derselben zeit gehört eine schöne elfenbeinzeichnung an (Compte r. 1868, 1, 13), wo Eros an das knie seiner mutter sich lehnt, ohne attribute, im glanze der erscheinung. Ferner eine herrliche spiegelkapsel (Mon. d. J. 6, 47, 6), wo, ganz in Euripideischem geiste, Eros als jüngling auf gebot der mutter den bogen abschiesst. Ein in mehreren repliken erhaltnes terracottarelief*) schliesst sich ebenfalls insofern den Vasenbildern an, als Eros als das belebende zur wilden lust aufregende element im thiasos später nicht mehr erscheint, wogegen der hier den ermatteten Silen fortreissende Eros sein sprechendes analogon findet an der Vase Compte r. 1869, 4, 9. Dahin gehört auch eine spiegelkapsel im Brit. Mus. (Guide to the bronze room p. 42, 27), wo Dionysos tanzend sich auf Eros lehnt, während daneben eine Muse (? Mänade?) die leier spielt. — Dass auch jene schöne kapsel, wo Eros eine frau umarmt (Compte r. 1865, 5, 1) symbolisch im sinne der Vasen zu fassen sei, ward schon bemerkt. Wahrscheinlich ist auch die nicht minder schöne kapsel Compte r. 1869, 1, 29 symbolisch zu fassen: eine leidenschaft hebt die andre auf im liebeleben der schönen. Vortrefflich soll ein griech. getriebnes relief im Brit. Mus. sein (Guide to the bronze room p. 38, 11): Eros allein einen wasservogel liebkosend, ein uns aus den Vasen bekanntes

---

*) Zoega 79; Campana op. 53; Combe terrac. t. 5; Agincourt recueil 7, 3 und 10, 4.

motiv. Endlich gehören der ältern auffassung zwei terracottarelieffrg. an, wo Eros als jüngling die leier spielt (Laborde maler. u. hist. reise in Spanien t. 59, 3, und im Münchner Antiquarium no. 483, etwas archaisirend.)

So scheiden sich denn in der entwicklung des Eros deutlich zwei hauptperioden: die vor- und nachalexandrinische, von denen erstere vornehmlich durch die Vasenbilder vertreten ist. Dieses resultat, das wir von Eros ausgehend zunächst nur für diesen gewannen darf nun aber auch eine allgemeinere bedeutung beanspruchen; denn sind die Vasenbilder vom Hellenismus unberührt, so sind auch für die interpretation derselben alle eigentlich hellenistischen anschauungen auszuschliessen; erst dann wird sich auch jene oft so frappante eigenart und selbständigkeit der Vasen gegenüber der spätern und gewöhnlichern tradition erklären.

Es füllen demnach unsre Vasen des malerischen stils eine grosse lücke in unsrer kenntniss der kunst des 4. jhh. würdig aus, einer zeit, die wenn auch vom höchsten höhenpunkte schon entfernt, uns doch die hellenische kunst noch einmal in ihrer ganzen frische und idealen poetischen schöpferkraft zeigt, bevor sie in hellenistischer epoche jene folgenreiche wendung zum verstandesmässigen realismus macht. Verhehle ich mir auch keineswegs, wie sehr mein resultat noch der bestätigung von andren seiten bedarf, so ist es immerhin als ein nicht geringer gewinn zu betrachten, wenn wir, von Eros ausgehend, bereits den historischen standpunkt der gesammten Vasenmalerei bestimmter fixiren konnten.

Nachträge.

P. 20. Das säulenrelief von Ephesus Arch. z. 1872, t. 65, aus Skopasischer zeit, zeigt einen flügeljüngling mit schwert, den Curtius unbedenklich Agon nennt; dem scheint mir jedoch der zarte schlanke bau des jünglings und vor allem der charakter des kopfes, wie ihn die abbildung gibt, zu widersprechen: ein kopf voll feinen psychologischen ausdrucks, ganz der liebe schmachtende, in sanfter schönheit schwelgende gott Eros (man vgl. nur den Hermes dess. rel.). Das schwert weiss ich mir allerdings nicht genügend zu erklären, wie ja die ganze composition noch ungedeutet ist; doch kann es nicht gegen Eros entscheiden; warum sollte man ihm in der zeit der noch schwankenden attribute, als man ihm eben den bogen verliehen hatte (den er hier vielleicht in der l. aufstützte), nicht auch einmal ein schwert zur betonung seiner macht beilegen? Andrerseits wären die gewaltgen flügel bei Agon, dessen kunstdarstellung uns meines wissens nur aus den zwei stellen bei Pausanias bezeugt ist, erst noch zu erklären. Eine bestätigung meiner deutung als Eros finde ich in der frau neben ihm, deren gewandung und gestus vollkommen mit einem bekannten, durch classische attische werke repräsentirten Aphroditetypus übereinstimmen (z. b. Overb. Gall. 26, 12 und die entsprechende Parthenonsmetope Michaelis t. 4, 24), so dass beide deutungen auf Aphrodite und Eros sich gegenseitig stützen.

P. 35. Der eben erschienene Compte rendu für 1870

und 1871 bringt t. V, 1 eine neue Europe-Vase, wo ein Eros dem stiere, den Hermes geleitet, voranschwimmt (nicht schwebt), während ein zweiter bei dem erstaunt nachsehenden Poseidon weilt, um ihn zu beschwichtigen.

P. 54. Eine taube bietet Eros mädchen Compte r. 1870—71, 6, 2.

P. 54 Note 2. Ebenso Compte r. 1870—71, 6, 2 wo das tympanon deutlicher.

P. 56. Dieses herannahen des Eros, entweder mit perlenschnur oder tympanon oder ohne derartiges, um das herz des gegenübersitzenden mädchens zu erobern, zeigen noch drei reizende attische bilder im Compte r. 1870—71, VI, 3, 4, 5.

P. 61. Dieselbe composition: eine sitzende frau und ein Eros gegenüber, der ein bein höher stellt, die uns hier so unendlich oft begegnet, findet sich aber auch schon auf einer Vase (von etwas breiter derber zeichnung), die auf der halbinsel Taman gefunden ward (CR. 1870—71 t. VI, 6). Doch charakteristisch ist hier im gegensatze zu jenen unteritalischen produkten die ungleich grössere frische und lebendigkeit der auffassung in geberde und stellung, ferner das fehlen jener masse von attributen, indem Eros nur zwei kränze entgegenreicht; Eros selbst ist, wie auf attischen bildern öfter, nur mit einer strahlenkrone geschmückt ohne den weiblichen unteritalischen putz. — Die von mir ausgeschiedne classe der verfallbilder bietet also, was composition anlangt, durchaus nichts neues, wol aber frägt es sich, ob der sinn, den man ihnen beilegte, nicht ein andrer geworden.